居駒永幸
Ikoma Nagayuki

ふるさと・みちのくから考える

――歌・祭り・未来

冨山房インターナショナル

はじめに――みちのくから考える

定年前の八年間、父の介護のため、毎週山形から東京に通った。大学に勤める私は、授業や会議をこなして週末に山形市の竜山中腹にある家に帰ってくるという生活だったが、苦にはならなかった。新幹線で通うのがむしろ楽しかった。移りゆく季節を感じながら、車中で授業の準備をし、論文を書き、その時ごとの出来事に触れて考える時間は、まさに至福のひと時だった。

新幹線の通勤で気づいたことがある。米沢を過ぎて険しい山に入り、福島で急に開ける。白河を過ぎると、起伏が少なくなって関東に来たという感じになる。奈良時代で言えば、東山道は白河の関までで、その先は陸奥国になる。みちのくは道の奥の意味だ。都から見た、未知の恐怖と異境への憧憬という混在したイメージは、ずっと続いてきた。何度も通ううちに、私は道の奥の、さらに奥に住む感覚に気づかされた。東京の大都市とはまったく異なる地方の感覚だ。

みちのくから日本を考え、世界を見る意識は、自然に身についたように思う。私は山形県内陸部の富並《とみなみ》という山間の村の里修験の家に生まれ、教員だった父の転勤のために十歳で町場の小学校に転校した。思えば、みちのくの奥という感覚は、この頃に私の原風景とともに心底に定着し、大人になってからも考え方や物事のとらえ方に影響を与えている。

みちのくから考えることの意味を深く教えてくれたのは、小説家の島尾敏雄である。都・中央中心の日本に対して琉球弧と東北は「もう一つの日本」だとし、それを島々から成る日本という意のヤポネシアと呼んで日本の多様性を指摘した（『新編・琉球弧の視点から』朝日文庫、一九九二年）。私はこの発想に強く共感する。ヤポネシアのとらえ方は、ふるさと・みちのくから日本を考え、世界を見るという私の意識と根底で共鳴し合うものだ。

本書は、斎藤茂吉の短歌や万葉和歌などの「歌」、長く民俗調査の対象にしてきた「祭り」、そしてこれからを生きる子どもたちに何が伝えられるかという「未来」がキーワードになっている。「歌」の諸編は『古事記』『万葉集』という私の研究分野と関連させて、地方・みちのくという視点から書いたものだ。都会になじめないものを秘める上山市《かみのやまし》出身の斎藤茂吉は、みちのくの人そのものだと思う。

三十年以上にわたる私の民俗調査は、半分はゼミの学生とともに実施した。毎年調査地を変えるので、私にはそれぞれ違いがよく見えて興味深かった。奄美・沖縄では島ごとに言葉が違うと言われるが、みちのく山形では小盆地ごとに民俗の違いが対比できた。島と小盆地はそこで生活文化が完結すると同時に、地域の特性や多様性を生み出す仕組みにもなっている。ゼミ学生の調査と卒論作成にも目を向けて読んでいただけたらありがたい。

最後の「未来」は子どもたちや学生たちの「未来」だ。ある学生は卒業後、自分が大学で学んで形に残ったものは卒論集の調査報告書しかない、と言った。そう言ってゼミの民俗調査を大切に思い、将来に生かしてくれるのはうれしい。ここで言う子どもたちとは、具体的には私の母校である富並小学校で何回か授業をした時の児童のことだ。さらに、そこから広げて地方の小学生に普遍化して考えたことを書いた。

「歌」「祭り」から見えてくるみちのくの多様性と豊かさを感じていただけたらうれしく思う。そして〝ふるさと・みちのくから考える〟をテーマにした本書が、子どもたちの「未来」へのメッセージに少しでもなっていることを願うばかりだ。

ふるさと・みちのくから考える——歌・祭り・未来

目次

はじめに――みちのくから考える……1

Ⅰ　斎藤茂吉の本音

1　芭蕉になるのは大へんだっす……13
2　たしかに鸖だっす……22
3　斎藤茂吉と奈良……27

Ⅱ　和歌と地方

1　令和と天平万葉――活力ある地方の時代へ……35
2　万葉歌の「みちのく」……40
3　滝の山と薄紅の桜……44

Ⅲ　山形の民俗芸能

1　蕨岡延年と高足……53
2　最上地方の番楽……58

3 番楽の世界……63
4 聞くことの感性……68

Ⅳ わが民俗体験の記録

1 龍蔵院お七日行事の記憶……75
2 羽山ごもり体験記……84
3 ゼミの民俗調査余話……94

Ⅴ 故郷の歴史と文化

1 史実と伝承——富並の一事例……109
2 現代によみがえる富並八景……115
3 最上徳内とシーボルト……121
4 「春のひかり」の歌碑……125
5 子どもたちの原風景……131

Ⅵ　二〇二二年の世界と山形

1　遠野物語と私の民俗体験……143
2　教室で声の授業が聴きたい……148
3　人生導いた二人の恩師……152
4　ネフスキーの研究と平和……156
5　平和への願いと短歌……160
6　小学生に万葉集の授業……165
7　国際交流への第一歩……171
8　社会貢献、めぐりめぐって……175
9　万葉集の歌は美しい……179
10　英国戴冠式の運命の石……184
11　西行が眺めた山形の桜……189

あとがき……195

装幀　坂田政則

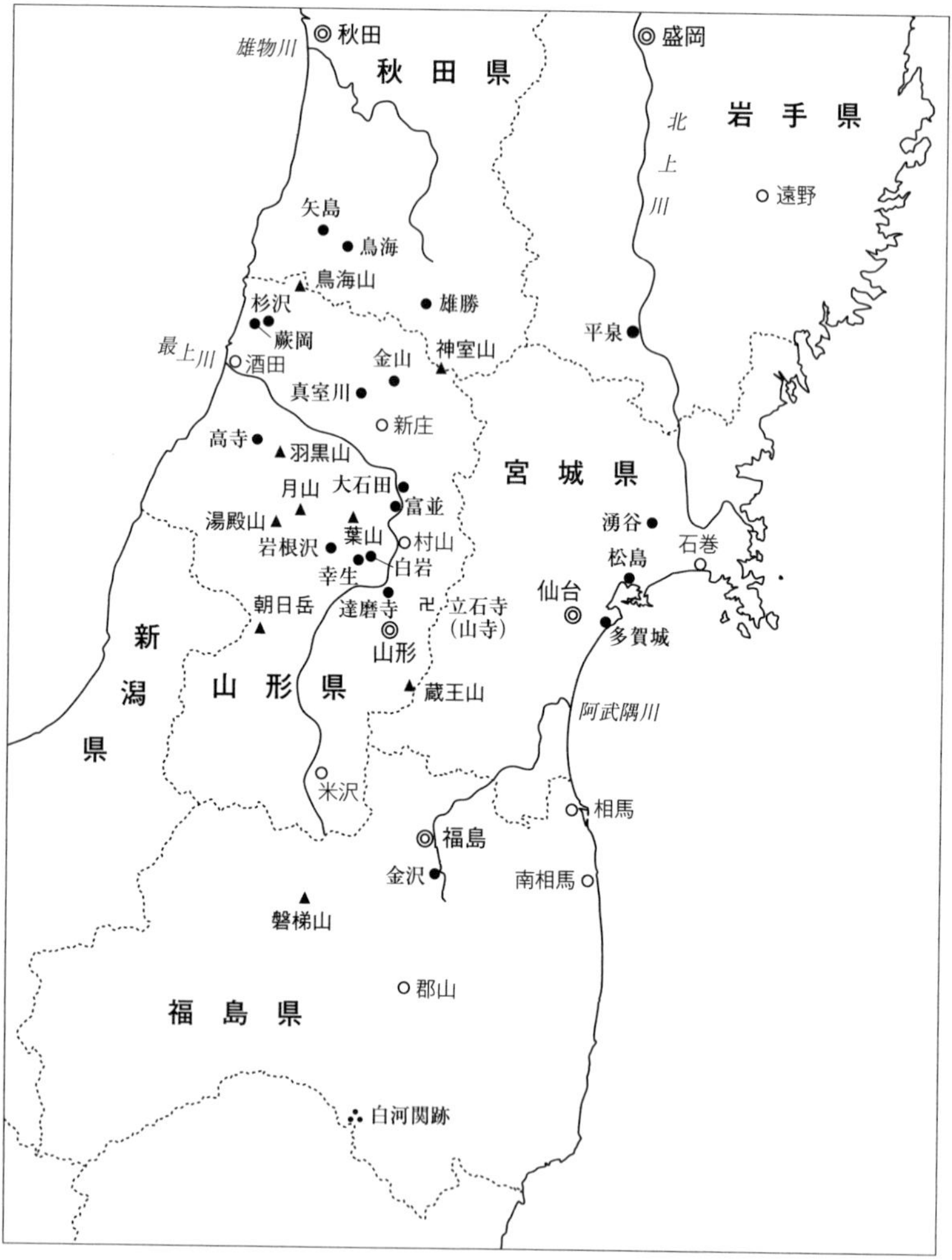

『ふるさと・みちのくから考える』関連地図

Ⅰ　斎藤茂吉の本音

1　芭蕉になるのは大へんだっす

大石田と芭蕉

斎藤茂吉は終戦直後の一年十ヶ月、最上川の川岸の町大石田（山形県北村山郡大石田町）に移り住んだ。当地に住むことを決意した理由のひとつに芭蕉という存在があった。大石田に暮らす茂吉の弟子、板垣家子夫《かねお》の熱心な勧めに、茂吉はこう答えている。

僕も大石田に来て、郷里の名川最上川の歌を作りたいしネ。芭蕉の俳句に負けない歌を作って、一首でも後世に遺るようにしたいんだが。

（板垣家子夫『斎藤茂吉随行記』上、一九八三年）

最上川周辺で作歌する茂吉
（大石田町立歴史民俗資料館提供）

昭和二十一（一九四六）年二月一日、茂吉は大石田の町中にある二藤部兵右衛門邸の離れに住み始める。茂吉が「聴禽書屋《ちょうきんしょおく》」と名づけた二階建ての木造家屋である。最上川の堤防に接する板垣家までは、百メートルほどの距離であるから、何かにつけ板垣家に立ち寄っていた。板垣家はかつての舟問屋、高野一栄《いちえい》の屋敷跡だという。

「先生、我が家の敷地は一栄宅跡だっす」「本当だがっす。元禄の昔、君の家のところで芭蕉が歌仙を巻いたということだなっす」。板垣とのあいだにこんな会話があったのかもしれない。

芭蕉が大石田を訪れたのは、元禄二（一六八九）年旧暦五月二十八日であった。山寺から「大石田一栄宅に着く」と「曽良旅日記」にある。二十九日に芭蕉は、一栄と庄屋の高桑川水《せんすい》とともに最上川を渡って黒滝に参詣する。黒滝には曹洞宗の古刹向川寺があった。

三十日に歌仙が終わり、六月一日に芭蕉は大石田を発つ。一栄と川水は途中の阿弥陀堂まで送ったと曾良は記している。この歌仙こそ、『奥の細道』に「わりなき一巻《ひとまき》を残しぬ。このたびの風流ここに至れり」とある「一巻」、すなわち大石田町に現存する芭蕉真筆の「五月雨の巻」である。

大石田での風流は芭蕉・曽良・一栄・川水の歌仙一巻として形を留めた。

五月雨を集めて涼し最上川　　翁
岸にほたるをつなぐ舟杭　　一栄

聴禽書屋。大石田で住んだ離れの家

発句の「涼し」は一栄への挨拶と感謝であり、一栄の脇句は名にし負う俳諧宗匠の芭蕉を最上川の河畔の地に迎えた喜びを表している。この発句は『奥の細道』に「涼し」を「早し」に変えて収められた。「早し」は向川寺参詣の折、最上川を川船で対岸の黒滝に渡った芭蕉の実感でもあったただろう。

茂吉は「五月雨の巻」を昭和六年九月に実見している。

かがよへる　時代《ときよ》にありて　寂しくも　旅遠く来し　翁をぞ思ふ

その時の印象を日記には「正しく真筆に相違なし」としか書いていないが、歌仙一巻に寄せた右の歌には芭蕉の旅への深い敬意がこめられている。

和歌と俳句の表現

茂吉はこの前月に「正岡子規」を書き、翌年には「和歌と俳句」という文章を執筆する。この論は芭蕉の力量を称讃しつつ、俳句の省略法は和歌の表現法とは相容れないとする。その一方で、俳句の客観写生と和歌の主観写生という子規の考え方を踏まえて、両者のあいだによき影響関係を求めようとするものであった。この時期に茂吉が大石田の地を訪れて「五月雨の巻」に接し、芭蕉と子規、また和歌と俳句について考えていたことは興味深い。ちなみに、子規は明治二十六（一八九三）年の夏に大石田を訪れ、川船で下った時の「ずんずんと夏を流すや最上川」の句を『はて知らずの記』に書き留めている。

元禄《げんろく》の　いにしへにして　旅を来し
　芭蕉《ばせを》の文字《もじ》を　ここにとどむる

よひよひの　露ひえまさる　この原
　に　病雁《やむかり》おちて　しばしだに居《ゐ》よ

茂吉が歌集『たかはら』（一九五〇年）に収めた歌だが、前歌は茂吉が昭和四年に初めて大石田を訪れた時の作、後歌は太田水穂が昭和五年に「芭蕉の象徴の模倣」と

向川寺。最上川の対岸、黒滝の山の中腹にある古刹で、芭蕉も茂吉も訪ねた

批判し、茂吉とのあいだに有名な「病雁論争」が起こったいわく付きの歌である。両歌とも茂吉の芭蕉俳句への関心を示すとともに、そこに大石田の地が少なからず関わっていることを知らしめるものである。

写生と象徴

十数年経って大石田に居を移す話が進み、茂吉が自らの作歌と関わって芭蕉を一層強く意識するようになったことは、冒頭の発言に明示されている。移り住む直前の昭和二十年十月に大石田で歌会があった折、板垣宅に泊まって最上川あたりを散歩した。板垣に「先生、傑作が出たんないがっす（出たのではないでしょうか）」と問われた茂吉は、「いやいや、芭蕉になるのは大へんだっす」と答えている（板垣、前掲書）。この時、芭蕉俳句の象徴をいかに短歌表現に獲得するかということを考えていたのではないだろうか。

元禄の　二年芭蕉も　のぼりたる　山にのぼりて　疲れつつ居り
元禄の　いにしへ芭蕉と　曽良とふたり　温海《あつみ》の道に　疲れけらしも

茂吉とって母なる最上川は作歌の対象。大石田時代に多くの歌に詠んだ

元禄の　ときの山道《やまぢ》も　最上川　ここに見さけて　おどろきけむか

いずれも『白き山』（一九四九年）の歌で、一首目は黒滝向川寺、二首目は酒田の近く、三首目は猿羽根峠越えで詠んでいる。二十一年九月八日に茂吉は芭蕉と同じく川船で向川寺に渡り、本堂裏手の道を苦労して黒滝山に登った。「芭蕉ものぼりたる」とあるように、茂吉がこの山に来た理由のひとつに芭蕉の追体験があった。「おどろきけむか」には芭蕉が見た最上川の風景を実感しようとする茂吉の姿が見られる。

おのづから　北へむかはむ　最上川　大きくうねる　わが眼下《めのした》に

峠を下りてくる時に突然眼下に広がる最上川の流れ、人間を圧倒する、言いようもない大きな存在、その時芭蕉が受けたであろう驚きを茂吉はとらえようとしたのである。

彼岸《かのきし》に　何をもとむる　よひ闇の　最上川のうへの　ひとつ蛍は
蛍火《ほたるび》を　ひとつ見いでて　目守《まも》りしが　いざ帰りなむ　老の臥処《ふしど》に

これも芭蕉の影響と私は見ている。蛍を詠んだ歌は『白き山』に右の二首しかない。意外に少ないことが、「彼岸に」の歌には何か蛍を詠む機縁があったのではないかと逆に推測させる。その機縁とは前掲（十五頁）、一栄の脇句と考えられる。茂吉は、芭蕉と一栄が創り出した最上川の川岸の蛍をとらえ直し、「ひとつ蛍」に病後（大石田移居後、大病を患うが、快復する）のわが身の悲哀を象徴させたのである。人間存在のはかなさは「蛍火をひとつ」の歌でさらに深化され、最上川という宇宙に生かされている自己の生を見出すことになる。

春夏秋冬、大石田での茂吉は最上川とともに生きた。

水面《すいめん》は　わが顔《かほ》と触るる　ばかりにて　最上川べの　雪解けむとす
最上川　あかくにごれる　きのふけふ　岸べの道を　わが歩みをり
最上川　水嵩ましたる　彼岸《かのきし》の　高き平《たひら》に　穂萱なみだつ
両岸《りやうがん》は　白く雪つみ　最上川　中瀬《なかせ》のひびき　ひくくなりつも

右の歌は刻々と移り変わる最上川の景である。それは茂吉によって自己の生としてとらえられた。

茂吉が大石田に移居し、歌集『白き山』で達成した写生という短歌の高みは、芭蕉俳句の象徴を融合するものであったと私は考えている。

〈平成二十一〈二〇〇九〉年十二月〉

2　たしかに鸛だっす

田沢沼のコウノトリ

斎藤茂吉は、終戦後の昭和二十一年一月から一年十ヶ月のあいだ、最上川の川岸の町大石田で、家族と離れて独りで暮らした。その時の歌集が『白き山』である。身の回りの世話をしたのは茂吉の弟子、板垣家子夫であった。二年目の夏、茂吉は町内の沼を散策してコウノトリの歌を詠んだ。その歌は、沼のほとりに歌碑が建てられ、地元の人によく知られているが、長い間、論議を呼んできた歌でもある。

問題の歌は『白き山』に「田沢村の沼」と題された五首の中にある。

田沢沼は町から南に4km離れた畑地にある。コウノトリを詠んだ歌碑が立つ

高原《たかはら》の　沼《ぬま》におりたつ　鸛《こふ》ひとつ
　山のかげより　白雲わきて
今しがた　羽ばたき大きく　おりし
　鸛《こふ》　この沼の魚を　幾つ食はむか

初出の小題は「晩夏初秋」であった。山形の暑い夏も終わろうとする八月二十二日、住まいの聴禽書屋からおよそ四キロメートル離れた山の沼を訪れ、そこに飛来し、盛んに魚をついばむコウノトリの様子を、茂吉は躍動的にとらえた。一首目などは「鸛」と「白雲」の間に象徴的な関係さえ認められる。

しかし、この地でコウノトリの飛来を確

認した記録はない。この歌に対する疑念は誰しもが抱くところだ。

鸛に私も疑問を持ち、先生に鶴か鷺の見違いではないかと問うた時、激しい声で叱るように、「君、間違いでなどないっす。たしかに鸛だっす」とにらみつけて言われたものである。

（板垣家子夫『斎藤茂吉随行記』下、一九八三年）

この歌を示され、疑いをもつ板垣に、茂吉は叱声を浴びせたという。この過剰なまでの反応に、私は興味をもつ。茂吉にとっては触れられたくない部分、作歌上の譲れない信念がここにあると考えられるからだ。

内面化される風景

日記を見ると、次のように書いている。

田沢ニ行キ、大ヅ、ミ、新ヅ、ミ、ジュンサイヅ、ミヲ見、楢林ニテ握飯ヲ食ヒ、

ス、キノ穂、鶴（鸛）一羽、カイツブリ、等ヲ見、夕方大石田ニ歸リ、氷水一杯

「鶴（鸛）一羽」を見たというのだ。これは歌の「鸛ひとつ」と合致する。だが、「鶴（鸛）」をどう見るか。鶴の飛来もまずあり得ない。これは水鳥を見て、ツルかコウノトリかと迷ったことを示すのではないだろう。眼前の鳥がアオサギだったとしても、茂吉には最初の段階で鶴に見えたのだ。しかし、実景から一旦視線が離れ、田沢沼が「高原の沼」ととらえ直された時、水鳥は紛れもなく「鸛」だと確信したことになる。「鶴（鸛）」は茂吉の内面化を示す。「鸛ひとつ」と「白雲わきて」は眼前の風景が深く内面化され、内面をくぐり抜けた心象の写生として表現されたのだ。もちろんそれは事実か虚構かという次元の問題ではない。「実相観入」と自ら名づけた茂吉の写生論は、「写生」と「象徴」の融合一体化にあったと私は考えている。「鸛」の歌は、茂吉の作歌史の上で重い意味をもつと言ってよい。

「たしかに鸛だっす」の言葉には、君は歌のそんなことも分からぬのか、と叱責する茂吉の苛立ちが感じられる。板垣の疑念ははからずも茂吉短歌の核心に触れてしまったのだ。

最上川　逆白波《さかしらなみ》の　たつまでに　ふぶくゆふべと　なりにけるかも

右は茂吉の代表作に数えられる一首。そこに用いられた「逆白波」も、板垣が茂吉と歩いていて「先生、今日は最上川にさか波が立ってえんざいっす（立っております）」とふと漏らした会話に由来するというのは有名な話だ。この時も茂吉は、にらむような眼をして「大切な言葉はしまっておいて、決して人に語るべきものではないっす」ときびしく教え諭したという（板垣、前掲書）。板垣の献身的な援助が茂吉の大石田時代を支えたことは言うまでもない。茂吉と板垣のあいだで交わされた数々の言葉は、茂吉の作歌工房をのぞき見るようで興味深い。

私は大学生の頃、雪深い大石田に板垣を訪ね、茂吉の話を聞いたことがある。五十年近く前のことである。内容はほとんど忘れたが、「先生のもとに折口信夫さんから手紙がきていたなあ。大事にとっておけばよかった」という話は妙に鮮明に覚えている。メガネの奥の眼がとてもやさしい人だった。

（平成二十一〈二〇〇九〉年七月）

3　斎藤茂吉と奈良

万葉集と茂吉

今年（二〇一〇年）四月から奈良県で開催されてきた平城遷都一三〇〇年祭が、平城宮跡（奈良市）の会場については今月七日で終了したという（大極殿の公開は継続）。朱雀門から今回復元された第一次大極殿まで歩き、和銅三（七一〇）年の遷都当時に思いを馳せた人も多かったことだろう。私も五月の上代文学会（奈良大学開催）に出席した折、大極殿や遣唐使船を見て回った。その学会で、大極殿の基壇下から和銅三年と書かれた荷札木簡が出土したとの重大な報告があった。同年にその木簡が廃棄されたとすれば、その時はまだ基壇も大極殿もなかったことになる。遷都時に大極殿はまだ完成していなかった可能性が高いというのが学会の共通認識であった。

この秋奈良を訪れ、飛鳥や三輪をめぐった後、再び平城宮跡を歩いた。藤原京から平城京までの遷都の道をたどってみたかったからだ。直線道路（下ツ道）ならその間二十三キロメートルだが、『万葉集』の遷都の歌には川船を利用した一泊二日の行程がうたわれている。朱雀大路に立ち、大極殿がまだ建っていない遷都当時を想像してみると、平城京の風景がまた違って見えてくる。

こんなことを考えながら秋の大極殿を歩いている時、斎藤茂吉は奈良をどのように詠んでいるだろうかと、ふと頭をよぎった。大著『柿本人麿』五巻や『万葉秀歌』を書いた茂吉だから、『万葉集』の舞台である平城京跡を歩き、奈良の歌も多いだろうと思ったのだ。

年譜を見ると、大正十（一九二一）年三月に中村憲吉（アララギ派歌人）の案内で奈良の万葉古跡をめぐったが、作歌はない。昭和六（一九三一）年四月の訪問時には、「佛像讃歌」と題する東大寺の弥勒仏や岡寺の如意輪観音の二首などのほか、法隆寺夢殿の「上宮王院救世観世音菩薩」八首を詠んでいる。茂吉は救世観音像に強く心ひかれたようだ。

ながらへて　ひとりなりける　つひの道《みち》　かなしき我を　いだきたまはな

（『石泉』一九五一年）

大極殿。2010年の平城京遷都1300年を記念して新造された

孤独な死を予感させるような「かなしき我」の救済を仏にすがる歌である。それは仏像の前に立った時に抱く「人のよははかなきゆゑ」という人間存在のかなしみでもある。仏像の讃歌を通して、人間普遍のかなしみへと向かう茂吉の心の深みが読み取れる。

人麻呂研究へ

このほかに茂吉は昭和五年に一回と昭和十二年に二回奈良県を訪れている。昭和五年八月の時には飛鳥で十三首、吉野で十首、丹生の川上で七首、宮滝で五首と精力的に作歌する。

とぶ鳥の　明日香《あすか》の里に　汗たりて　きのふも今日《けふ》も　いにしへおもほゆ

（『たかはら』一九五〇年）

飛鳥では橘寺・大原・雷の丘などを二日かけて回り、天の香久山まで歩いている。「いにしへおもほゆ」は柿本人麻呂の歌にある句だ。茂吉は飛鳥で万葉の「いにしへ」を実感しながら人麻呂を意識しはじめている。宮滝の歌ではそれがはっきりと示される。

吉野なる　瀧《たぎ》の河内《かふち》を　もとほりて　心和《こころやは》らぎ　人麿《ひとまろ》おもほゆ

（『同』）

人麻呂が持統朝に詠んだ『万葉集』吉野讃歌の「たぎつ河内」（1・三七）を踏まえながら、茂吉は人麻呂の全力的な声調をその地に立って感じとろうとしている。「いにしへの歌《うた》の聖《ひじり》のよみがへり」とも詠むように、この年の飛鳥・吉野の旅は万葉を追体験するだけでなく、茂吉にとって人麻呂の偉大さを再認識することとなった。
　昭和十二年五月と六月の二回は藤原宮を調査するためだった。昭和八年頃から人麻呂研究に没頭しはじめた茂吉は、『柿本人麿〈評釈編巻之上〉』（一九三七年）を書くことによって、人麻呂が活躍した藤原宮や、人麻呂作かと見る人もいる『万葉集』の御井の歌（1・五二、五三、作者未詳）の考証に向かっていく。
　次の歌は「大和鴨公」と題する一首。鴨公は藤原宮址の地名である。

　藤原《ふぢはら》の　御井《みゐ》のいづみを　求《もと》めむと　穿《は》け
　る草鞋《わらぢ》は　すでに濡れたる
（『寒雲』一九四〇年）

藤原宮の御井に対する探求心はすさまじい。「泉《いづみ》

藤原宮跡。背後は大和三山の一つ、天の香久山

吾手《わがて》にひびくまでにつめたし」と、水に手を突っ込んで探し歩く調査をし、その成果を『柿本人麿〈雑纂編〉』（一九四〇年）に収める。茂吉は『万葉集』を尊重し、ひたすら人麻呂に近づくことを求めたのだ。

これほど『万葉集』に傾倒した茂吉なのに、平城宮跡を訪ねた形跡がない。人麻呂は平城遷都以前にすでに没していたようだ。人麻呂のいない平城京に茂吉の関心は向かわなかったのである。

（平成二十二〈二〇一〇〉年十一月二十五日）

Ⅱ　和歌と地方

1　令和と天平万葉——活力ある地方の時代へ

新元号「令和」の出典

改元記念に95歳の父、揮毫

「令和」の時代が始まった。新元号二字は『万葉集』巻五にある「梅花の歌三十二首」の序文の一節、「初春の令月にして、気淑《よ》く風和らぐ」から選ばれた。この文は、初春のよい月で、天候はよく風は穏やかだ、の意。梅花の宴は天平二（七三〇）年正月十三日（太陽暦二月八日）に大宰《だざいの》帥《そち》（大宰府長官）大伴旅人《おおとものたびと》が主催し、流麗な四六駢儷体《べんれい》（中国六朝時代に始まる美文調）による序文は彼の作とみられる。旅人六十六歳、没する前年のことである。

旅人は大宰府（福岡県太宰府市）の私邸で宴を催すに当って、落梅の様を和歌に詠むようにと参加者に呼びかけた。自作の歌では、

我が園《その》に　梅の花散る　ひさかたの　天《あめ》より雪の　流れ来るかも　（5・八二二）

と、散る花びらの白さを天から降る雪に喩えてみせた。旅人は日本最初の漢詩集『懐風藻』（七五一年）に「初春の宴に侍す」という題の漢詩を載せ、そこに「梅雪（梅花に降りかかる雪）」の語を用いているので、その発想を和歌に詠み込んだことが推測できる。宴には大宰府や九州各国の役人など三十一人が参加し、旅人の和歌に呼応するようにそれぞれに梅花の歌を詠み合った。漢文の序と和歌を融合させる新しい文芸世界がここに花開いたのだった。

大宰府。政庁跡には礎石や万葉歌碑があり、この近くの大伴旅人邸で梅花の宴が催された

地方で作られた文芸

奈良時代、大宰府は「遠《とお》の朝廷《みかど》」と呼ばれた。地方統治の政庁、またそこに派遣された役人を指す万葉語だ。外国との玄関口として外交儀礼や防人の統括などの軍事、西海道と呼ばれる九州全体の統治が大宰府の役割であった。平城京から海路で一ヶ月、最短の陸路でもその半分の日数を要する僻遠の地に旅人が赴任したのは神亀五（七二八）年とされる。八年ほど前、隼人が大隅国守を殺害して反乱を起こした際、鎮圧のための大将軍として派遣されたことがあった。大伴という軍

事的氏族出身の旅人には九州地方の平定が期待されたにちがいない。

しかし、旅人は文人貴族の一面ももっていた。庭の梅花を愛でるには「文筆こそが心を述べる手段だ」と宣言し、都の風流な遊びを地方でも実現することで、遠の朝廷を任された統治代行者としての気概を示したのだ。梅花の宴には大隅目《おおすみのさかん》（四等官）榎氏鉢麻呂《かじのはちまろ》も参加し、

梅の花　散り紛《まが》ひたる　岡辺《おかび》には　うぐひす鳴くも　春かたまけて　（5・八三八）

と、岡に咲き乱れる梅の花にウグイスが鳴く春の到来をあたかも都の風景のように詠んでいる。大隅国の官人の参加は、隼人はもとより九州地方全体の安定した統治を示す意味をもっていただろう。

令和の出典として張衡《ちょうこう》「帰田賦《きでんのふ》」や王羲之《おうぎし》「蘭亭集序」などが指摘されているが、旅人に影響を与えたのは明らかに後者だ。東晋の永和九（三五三）年に都から遠く離れた会《かい》稽《けい》の蘭亭で詩宴を催した王羲之の風雅の境地は、僻遠の地で都と同様の歌宴を開いた旅人

の精神に通じるものがある。だからといって、令和の典拠は蘭亭集序だと言う必要はない。梅花の歌と序は都ではなく、大宰府という地方で創り上げられた天平万葉の代表作なのだ。

天平時代は地方の時代でもあった。西の大宰府に対して、北では多賀城（宮城県多賀城市）を基点に陸奥国と出羽国の統治が進行していた。天平九（七三七）年に藤原麻呂《まろ》のもとで大野東人《あずまひと》らが多賀城から出羽柵《でわのき》（秋田県秋田市）への直路開通を目指した。当然、従わない蝦夷は征討する。しかし、出羽国守田辺難波《たなべのなにわ》は寛容の心で教え諭す戦略をとり、一時撤退する。かつて出羽国設置の際に「文教（学芸の教化）」による統治を重視する国政の方針が示されたが、それと通じる点が注目される。

二十一年間にわたる聖武天皇の天平時代は、文化史的に見ると、芸文の尊重という気運が底流にある。それが地方にも及び、その中に「令」と「和」の二字が用いられた。これからの令和の時代が活力ある地方の時代になることを願いたい。

（令和元〈二〇一九〉年五月二十三日）

2　万葉歌の「みちのく」

「奥」への思い

『万葉集』に最多四七〇余首の歌を載せる大伴家持《おおとものやかもち》（七一八?～七八五）が、まだ青年だった頃、和歌の上手な年上の恋人がいた。笠女郎《かさのいらつめ》（生没年未詳）だ。彼女は相聞歌二十七首を家持に贈り、家持は二首返した。返歌がもっとあったのかはわからない。とにかく若い家持が太刀打ちできないほど、彼女はすぐれた歌人だった。最初に家持に贈った三首のうちの一首。

陸奥《みちのく》の　真野《まの》の草原《かやはら》　遠けども　面影にして　見ゆといふものを　（3・三九六）

これは『万葉集』に「みちのく」の地名が最初に出てくる和歌である。「みちのく」を最初に詠んだ和歌と言ってもよい。この時、家持が二十歳とすれば、天平九（七三七）年頃の作歌となる。陸奥の真野の草原はあんなに遠いけれども目の前に浮かぶのに、あなたは少しも目の前に現われてくれませんのね、と家持のつれなさに不満を表す。平城京に住む彼女は、もちろん真野（福島県南相馬市）に行ったことがない。陸奥の真野は和歌によく詠まれる名所、つまり陸奥の歌枕を引き合いに出して、自分に向いてくれない相手との遠い距離感を詠んでいる。陸奥の語が効果的だ。陸（道）の奥は白河の関より先の地域。律令体制の初期は秩序の外側を意味した。それほど心が遠いのだ。実に巧みで、彼女の作歌の力量を思わせると同時に、「面影」から都びとが抱く、陸奥への淡いあこがれが伝わってくる。

「奥」には律令的秩序が及ばない未開と都びとの想像を超えた豊かな異境という渾然としたイメージがあったようだ。笠女郎の歌にその一端がうかがえる。

みちのくの黄金の花

豊かな異境は、陸奥国から金が出たとの詔書を祝福する家持の歌によって現実のものとなる。反歌の三首目が次の歌だ。

天皇《すめろき》の　御代栄えむと　東《あづま》なる　陸奥山《みちのくやま》に　金《くがね》花咲く　（18・四〇九七）

聖武天皇宿願の東大寺盧舎那仏（大仏）は、天平十九（七四七）年に鋳造が始まったが、大仏に塗る金が調達できない危機に直面していた。家持は長歌で、苦境に立つ聖武天皇を「金が本当にあるだろうかと心痛されていた」とうたい、「陸奥国小田郡の山から金が出たとの報告に安堵された」と詠んだ。陸奥の山に黄金の花が咲いたとは、大仏の完成への期待と天皇治世への瑞祥とする家持の理解が読み取れる。越中国守の官舎で、歓喜する聖武天皇の詔書に接した家持は、天平感宝元（七四九）年五月十二日に、感動のあまり『万葉集』で三番目に長い歌と右の「金花咲く」の歌を含む反歌三首を詠んだ。おそらくそれは天皇に献呈したのだろう。大仏は鍍金作業に入り、天平勝宝四（七五二）年に開眼供養会

黄金山神社鳥居わきの小川。この近くで産出した砂金が大仏を黄金に輝かせた

を行った。

金色の大仏を見た人々は、心から救われた気持ちになっただろう。天平九（七三七）年の疫病蔓延など、聖武天皇の治世は多難の時代だった。盧舎那大仏の完成は光明そのものだったにちがいない。その最大の功績は、陸奥国小田郡の黄金産出だった。式内社黄金山神社（宮城県遠田郡涌谷《わくや》町涌谷字黄金宮前）が立つ地である。大仏の金色の輝きに、人々は黄金の国陸奥という豊かな異境を想像しただろう。家持の歌「陸奥山に金花咲く」は、遥かな陸奥国への憧憬を表し、都びとたちの新たな希望を示していた。

（令和六〈二〇二四〉年五月一日）

3　滝の山と薄紅の桜

西行と「山寺」

五月の連休、山形市にある竜山中腹の西蔵王放牧場はオオヤマザクラの花見客でにぎわった。出羽国でこの花を詠んだ西行の歌は、花見の人々の脳裏をかすめたことだろう。駐車場のそばにはその歌碑が立つ。また、山形市長谷堂にも西行訪問地とする歌碑がある。この機会に、『山家集』に載る西行歌をあらためて読んでみよう。

　またの年の三月に出羽《いでは》国に越えて、滝の山と申す山寺にはべりけるに、桜の常よりも薄紅《うすくれなゐ》の色濃き花にて、並《な》み立てりけるを、寺の人々も見興じければ

類《たぐ》ひなき　思ひ出羽の　桜かな　薄紅の　花の匂《にほ》ひは

詞書の「またの年の三月」は、通説では久安四（一一四八）年とする。西行は二度平泉を訪れたが、最初の時に平泉から出羽国に越えたことになる。三十歳前後の時である。「滝の山と申す山寺」は「滝山寺」か、あるいは「滝の山寺」と呼ばれていたのを西行はこのように書いたのだろう。近くに滝がある山寺か、滝がたくさんある山の寺か、あるいはその両方の意味とも考えられる。

西行は「山寺」の語を奈良吉野の山寺（寺名は不明）・初瀬の長谷寺、京都東山の清水寺・北山の鞍馬寺に用いている。人間世界から離れた深い山にある籠りの修行地、世を捨てて遁れる場所が西行の「山寺」のイメージであり、その中心には桜の名所として名高い吉野の山寺があった。「山寺」には共通して川と滝もあった。人が住む平地からひと山越えてさらに奥にある竜山は、吉野山と同様、西行にとって「山寺」と呼ぶにふさわしかった。

出羽の桜

西行が滝の山寺を訪れた旧暦の三月は、まだ桜の花が咲かない。西行はこの山寺に四月も滞在し、新暦四月末から五月初旬に遅く咲くオオヤマザクラの赤の濃い花を見て驚いたのだ。「はべり」は二、三ヶ月のやや長い滞在を示している。「桜の常よりも」と書く西行の基準は吉野の山桜だった。吉野の山桜に比べると、オオヤマザクラの「薄紅」はそれほどに色が濃かったのだ。その驚きが「出羽の桜かな」の一句に表われている。

「匂ひ」はそもそも赤色の際立つ様を言い、「薄紅の花」にはぴったりの表現である。「類ひなき」は比べるものがない意、「思ひ出《いで》は」と「出羽《いでは》」が掛詞なので、忘れがたい思い出となる出羽の桜と続く。薄紅の花は目に焼き付いて忘れがたいほどすばらしいという讃嘆がこの歌の心情だ。それは吉野の山桜ではない、他地における桜の美の発見だった。

出羽国に来る前に平泉で「束稲山《たばしね》の桜」に感動する。その時の歌が『山家集』に載る。

聞きもせず　束稲山の　桜花　吉野の外《ほか》に　かかるべしとは
奥《おく》になほ　人見ぬ花の　散らぬあれや　尋《たづ》ねを入らん　山ほととぎす

上：竜山中腹を彩るオオヤマザクラの樹林。濃淡さまざまの紅の花に人々は驚く。下：竜山山中の杉木立に囲まれた慈覚大師護摩堂。この平場が堂庭という不思議な空間だ

吉野以外に山を覆う束稲山の桜を見た時の驚きを詠む。西行は、陸奥にはさらに奥の山に「人見ぬ花」があるにちがいないと、まだ見ぬ桜との出会いを願っている。西行研究者の西澤美仁は最新の注釈で、滝の山の歌は「奥になほ」の歌と呼応するか、と鋭い指摘をしている（『山家集／聞書集／残集』明治書院、二〇〇三年）。西行は予言した通り、さらに「奥」の出羽国滝の山に来て、全山咲き覆う美しい桜を発見し、薄紅の花を「類ひなき」と詠んだのだった。

しかし、謎はまだ残っている。「寺の人々」だ。西行の忘れがたい思い出はこの人々と共有するものであったはずだ。西行はなぜ滝の山を訪れたのかという疑問ともそれは深く関わる。流刑の僧と会うためだとする説もあるが（後藤利雄『出羽の西行』やまがた散歩社、一九九二年）、西行は何も語らない。

私は、花見客が遠のいた日の朝、今年も「薄紅の花」を見に竜山山中の堂庭《どうにわ》まで登った。オオヤマザクラは標高六百メートルぐらいから自生するが、六〜七百メートルの三百坊（ログハウス三百坊周辺の古地名）や放牧場周辺に集中し、一列に並ぶ姿も確かめられる。

「並み立てり」はこれを言うのだろう。この時期は、オオヤマザクラの花の背後に数日だけ竜山上部を流れ下る雪解けの滝が見られる。オオヤマザクラは山道に沿って点在し、慈覚大師堂のある九五〇メートルの堂庭まで自生が確認できる。堂庭の平場は岩壁に囲まれ、すぐ近くに前滝がある不思議な空間だ。苑池らしき痕跡もある。そこに立つ桜の古木を見上げながら、ひと時「寺の人々」のことを想った。

〈平成二十九〈二〇一七〉年五月二十九日〉

Ⅲ　山形の民俗芸能

1　蕨岡延年と高足

高足復活に向けて

かつて鳥海修験の宿坊集落であった飽海郡遊佐町上蕨岡《あくみぐんゆざまちかみわらびおか》（上寺《うわでら》ともいう）に、蕨岡延年という古い芸能が伝わっている。その保存会でいま、高足《たかあし》の復活に取り組んでいる。高足とは中世の田楽芸の一つで、長い棒に付けた横木に足を乗せてぴょんぴょん跳びはねるのが特徴である。子どもの遊びのホッピングがそれに近い。現存するのは静岡県水窪町《みさくぼ》の西浦《にしうれ》田楽や奈良県春日大社の若宮おん祭りなど全国でも四ヶ所にすぎないという。しかも跳びはねる所作は西浦田楽のものに限られ、その他は風流《ふりゅう》化（華やかな衣装・所作）や形式化の跡が著しく、ただ棒に足をかけるだけの所作だ。いずれにしても高足の復活は全国的にきわめて珍しい。

実はこの高足、いささか謎めいたところがある。永長元（一〇九六）年、京都中に田楽が流行して大騒動となった、いわゆる永長大田楽《えいちょうおおでんがく》に突如として出現するからだ。それ以後、一足《いっそく》・二足《にそく》・高足と記され、田楽の看板芸になっていく。ところが、それまでの田植えに伴う田楽にこの名はない。そこで本来田植えの芸能ではなく、中国から伝来した散楽《さんがく》の雑芸と見るのが有力である。高足が永長大田楽の行列に姿を現すのは必然的な出来事だったのだろう。曲芸的演技で大衆を驚かすこの種の外来雑伎《ざつぎ》は、大騒動を引き起こす新手の田楽にふさわしい芸能だったのだ。しかし、中世の終焉とともに急速に衰え、現在は寺社の芸能にかろうじて命脈を保っている。

高足の伝承

このような高足が大物忌神社蕨岡口ノ宮の例大祭、通称大御幣祭《だいおんべ》に田楽の一演目として存在したことはほとんど知られていない。私が高足の話に接したのは、昨年、ゼミの学生と実施した蕨岡延年の調査の時である。保存会長の伊東直人さん（当時）から、高足を復元したいという話をうかがった。それは明治から大正時代にかけて廃絶したらしく、背の高い竹馬のようなもので、石垣からそれに乗り移ったことくらいしかわからないという。

上寺の「高足」が百年ぶりに復活（遊佐町教育委員会提供）

伊東さんは、境内に立てられた大御幣の柱を高足に乗って回ったのではないかと考えている。なお、この時の調査については「蕨岡の民俗」（「明治大学居駒ゼミ調査報告書」二〇〇九年）に報告した。

伝承の少ない高足だが、例大祭の実施内容を書いた嘉永七（一八五四）年の「一宮《いちのみや》大神事手鏡《だいしんじてかがみ》」には、舞台にて鉾で四方堅めをし、それが終わって「高足を乗り」、次に「童哉礼《どうやり》」以下の舞楽を勤めるとある。また「十六歳以上舞の事　越合・倶舎《ぐしゃ》・太《たい》平楽《へいらく》・連舞《れんぶ》・陵王《りょうおう》・高足」、さらに「舞師ならびに陵王の舞師は白袴以上の役なり、ただし高足役は白袴以下これを勤む。苦しからず」と記す。

童哉礼など三演目が子どもの舞で、越合は現存しないが、倶舎以下四演目は大人の舞としていまも演じている。蕨岡延年を地元で「上寺のドウヤリ」と称するのは、舞楽が童哉礼から始まることに由来する。高足はこの舞楽に先立って行われ、十六歳以上の大人の舞に入っていたことがわかる。ただ、高足役は舞師よりも格下で、舞楽と区別するところがあったようだ。それは田楽芸としての異質さによるのであろう。

中世には一足と二足があったことを確認できるが、上寺の高足はどうだったのか。一丈(約三メートル)もの高さがあり、危険なのでやらなくなったという伝承もある。まさに危険な乗り物であることが曲芸的雑芸高足の高足たるゆえんなのだ。とにかく不明の部分の多い高足であるが、その芸態を明らかにしていく努力は今後も続けられるであろう。今回、大御幣祭で念願の復元が実現しようとしている。保存会によれば、危険を伴う高い竹馬方式ではなく、当面は一本の棒に横木の付いた高足を採用し、中学生がこれを乗り回すという。烏帽子《えぼし》に雑色《ぞうしき》の衣装も用意していると聞く。その復元は注目に値する。

このような中世以来の田楽芸高足の復活を通して、祭礼が育んできた庶民文化のエネルギーをそこに見出すとともに、民俗芸能の伝承を考える一つのきっかけにもしたいと思う。

（平成二十一〈二〇〇九〉年五月一日）

2　最上地方の番楽

古風な舞

二〇〇六年度は最上郡真室川町、今年度は金山《かねやま》町で、私はゼミの学生とともに番楽という民俗芸能を調査した。真室川町では平枝・釜淵・八敷代の三集落で演じられ、金山町有屋では稲沢と柳原の二地区がいまも保存している。県内では他に飽海郡遊佐町杉沢の比山番楽があるだけで、最上地方にいかに集中しているかがわかる。

そもそも番楽とは中世の能の系統を引く古風な舞で、成立は江戸時代以前と言われ、鳥海山麓を中心に山形県北部と秋田県南部に分布する。その演目は、最上地方でも二十以上あったが、現在は稲沢番楽の九演目がもっとも多い。九演目とは「獅子舞」の他、最初に演じる「神舞《じんまい》」、「鳥舞」や「三番叟《さんばそう》」という儀式的な式舞《しきまい》や、道化舞に分類される「おかし舞」、能の「道成寺」に類似する「金巻」、合戦を題材とする「信夫太郎」「武士舞」、三人の舞い手が刀を握って飛び跳ねる勇壮な「三人太刀」である。太鼓・鉦・笛の楽器と歌・セリフは囃し方が担当する。口上やセリフなどを記した「言い立て帳」があるのも番楽の特徴である。

修験とのつながり

鳥海山麓の村に番楽を伝授したのは、京都三宝院の修験者本海坊《ほんかいぼう》と言われている。事実、真室川の番楽は旧鳥海町や旧矢島町《やしままち》から伝わったとの伝承がある。両地域とは山越えの道を使って交流があったという。柳原では逆に秋田側に伝えたと聞いた。旧雄勝町《おがちまち》役内までは山道を行けば意外に近く、婿入りした人がその地に番楽を教えたという。番楽は峠で接する小盆地間の交流によって伝播したのである。一方、稲沢の場合は、この本海番楽と神室山の修験の舞が合体したものだと伝えている。神室の山伏が神にささげる舞を里人に教えたとの由来は、山岳修験信仰と有屋番楽の結びつきを示唆するものとして興味深い。

稲沢の集落から眺める岩山、龍馬山は修験の山中修行の場である（金山町提供）

稲沢にはいまも修験信仰が根付いている。八月十四日の不動堂祭りで、早朝に龍馬山《りゅうばさん》の岩壁を登るオヤマカケが行われる。七十六歳の先達はわらじを履いて身軽に岩を伝っていくが、私と学生は何度も滑落の恐怖を味わった。豊作祈願の行事というが、元来は修験の山修行である。この行事の後、獅子舞が家々を回って悪魔払いをする。これは門獅子とか祓い獅子と呼んで、番楽の村では神社の祭礼の日に行っているが、稲沢の場合は修験者が里に下りてきて舞う権現舞の趣がある。

獅子頭は八幡権現の神として尊崇される。平枝には番楽の太夫（師匠）の家が火事になったとき、獅子頭が燃えずに屋根から飛んでいったという言い伝えがある。柳原でも火事になった太夫の家から獅子頭が飛び出し、家の前の大樹に移って難を逃れたという話を聞いた。柳原や釜淵などで獅子頭を八幡様と呼ぶのも、八幡権現への畏怖を表すものであり、その背景に修験信仰が感じ取れる。

番楽を伝える上で大きな役割を果たしてきたのが「言い立て帳」である。今回の調査では柳原に未紹介の資料が保存されていることがわかった。筆書きの写本で、二十五を超える演目の言い立てが記されている。その書写年代は少なくとも昭和初期以前であり、すでに不明となった演目も多い。また現行演目の古態を伝えていることからも、その資料的価値はきわめて高く、今後の番楽研究に大いに役立つものである。

稲沢番楽。女形と山伏と蛇で演じる「金巻」。なよやかな動きの女形が見せどころ

番楽と地域おこし

最近、番楽に新たな動きがある。真室川町の番楽フェスティバルである。また、釜淵では二一年前から「行灯番

楽」と称して冬の夜に番楽の公演をはじめた。番楽を活用して地域文化の活性化を目指すという保存会の若手の企画である。稲沢では正月元日の午後、地域住民のために現行演目を公演している。若い人も孫を背負ったお年寄りも雪の中を集まってきて、番楽を楽しむのである。厳粛な「神舞」からはじまり、後半の「おかし舞」には大人も子どもも笑い転げる。雪深い村の、風流で豊かな正月に私は深い感銘を受けた。

真室川でも有屋でも保存会が子どもたちに番楽を教えている。子どもたちは将来、番楽のある暮しの豊かさを理解し、わが村の伝統文化に誇りをもつにちがいない。暮しに深く根ざした番楽とそれを楽しみ誇りに思う心、そこにこそ民俗芸能の存在価値があると私はあらためて教えられたのである。

（平成十九〈二〇〇七〉年三月十四日）

3　番楽の世界

洗練された舞・比山舞

山形県の民俗芸能をゼミの学生たちと調査して約二十年になるが、山形県は民俗芸能の宝庫だとつくづく思う。それは多数の貴重な民俗芸能が残っているという意味だけではない。そう思うのは、踊りや舞を伝えていこうとする人々の心の深さに毎年触れてきたからに違いない。去年もまた、飽海郡遊佐町の杉沢比山《ひやま》を調査して、その思いを強くした。

杉沢比山は、地元では比山あるいは比山舞ともいい、山伏修験が伝えたという番楽に属する。番楽は山形県の北部と秋田県に分布し、岩手県の山伏神楽、青森県の能舞《のうまい》とは共通の演目を持つ同系統の芸能とされる。山形県ではいまも最上郡真室川町の平枝・釜淵・八敷代、同金山町の稲沢と柳原、そして杉沢の六カ所で伝えている。私のゼミでは過去二年間、最上郡の五ヶ所を調査し、今年度は夏に杉沢比山を実際に見ながら師匠たちに聞き取り調査をした。

杉沢比山の起源は明確でないが、江戸初期に京都三宝院の修験者本海坊が鳥海山麓の村々に伝えた本海流番楽と関係があることは推測できる。秋田県側の番楽と共通する演目が少なからず見られるからだ。現存の十四演目は八月六日の仕組み、十五日の本舞、二十日の神送りの三日間で舞う。ただ、演目の中に獅子舞が見られず、当屋ではなく熊野神社の野外舞台で行うのも杉沢比山の特色と言える。

杉沢比山は「かけ謡《うた》」に始まる。下の句の「参る道者《どうじゃ》のうがい水かな」は、衆徒が鳥海山に入峯するときの二の宿、熊野神社への奉納芸能を思わせる詞句である。舞の最初は舞台鎮めの「番楽」で、次に小学生が舞う式舞（儀式的な舞）の「三番叟」と続く。その後「景政」「曽我」「しのぶ」などの武士舞、「蕨折り」「橋引」などの女舞、最後に神舞（神々の舞）の「猩々《しょうじょう》」で締めくくる。三回の公演では演目に違いがあり、特に「翁《おきな》」を舞うのは本舞だけと決まっている。能を思わせる荘重で優雅な「翁」には息をのむ。舞い

上：杉沢比山の舞台。「翁」は経験を積んで最後に舞う演目。ゆっくりとした動きに舞人の誇りが表れる。下：比山舞のクライマックスは最後の演目「翁」。静まりかえった中で、翁は神と同化する

手の話では面の位置に気を遣い、指先まで水平を保つように神経を集中するという。動きの少ない舞だが、面から汗が滴り落ちるほど激しく厳格な舞なのだ。この十四演目を舞うために七月から練習をする。本舞の舞台下には「翁」を見る子どもたちのキラキラした目があった。舞のわざは確実に伝えられていくはずだ。

生活に根付いた芸能

もう一つの番楽を見るために、正月元日に雪深い金山町稲沢を訪れた。村の生活に生きる番楽を見たかったからだ。口上、神舞の後、獅子頭で子どもや老人の頭を咬み祈祷をする。そこに集まった四、五十人の村人が、能や歌舞伎の「道成寺もの」と共通性をもつ「金巻」を楽しみ、つぶろ（男根）をかたどった木の棒を回して祈祷をする子孫繁栄の「おかし舞」に大笑する。保存会長の小沼直文さんは、母が子どもの頃に見て記憶していた幕出《まくいで》の言い立て（せりふ）を聞いて「おかし舞」を復活させることができたと語る。同町の柳原番楽には三十曲以上を記す貴重な言い立て本が残されており、今後の復元に期待がふくらむ。真室川町の平枝・釜淵・八敷代でも高齢化している師匠たちと若手が連携し、演目を増やす地道な努力が続けられている。

民俗芸能に優劣はない。人々の暮らしとともにあるからこそ、番楽はそれぞれにすばらしい。生活の中で楽しみ、大切に伝えてきたものゆえに、それぞれのよさや個性をもっているのだ。民俗芸能の原点はそこにある。

（平成二十〈二〇〇八〉年一月十日）

4　聞くことの感性

伝承者の言葉

「練習を始める日の夜、カタマリってあるんですのう」

リアルな言葉は突然、しかも何気なく口をついて出てくる。「杉沢比山」を伝承する古老の言葉である。演目は「影政」や「大江山」など物語風のものからストーリー性のない「三番叟」や「鳥舞」など十四演目が残っているが、とりわけ「翁」は荘厳にして静寂、その美しさには魅了される。舞い手は小学校五年生から五十歳代まで十人余り、謡い手・楽器演奏者を入れると総勢二十人を超える。約百戸の村だから村全体で伝承していると言ってもいい。

昨年（二〇〇八年）、私はゼミの学生とともに杉沢で民俗調査をした。かつて翁舞を経験し、いまは謡を担当する古老二人には何度も聞き取りをした。比山舞は八月に三回舞うが、その本番に備えて七月一日から一ヶ月間を練習に費やす。舞・謡・楽器、そして舞台作り・衣装の着付けなど裏方も含め、これだけ多くの演目をこなすには、毎年のこととは言え、長い期間の練習が必要であることは理解できる。

そこで、それぞれの年代で舞う演目が決まっているのかと聞いてみた。小学生の「三番叟」、二十歳代の「猩々」、そしてそれらを経験して最後に舞うのが「翁」で、その時には五十歳代になっているという。翁舞のすばらしさは演目をすべて経験した後の熟練とその誇りによって生み出されるものだったのだ。

はじまりの儀式

八月六日の仕組という一回目の舞の日を前に、古老たちはしめ縄や幕を張り、舞台作りをしていた。その手を動かしながら、七年前に「翁」を現在の舞い手に譲った古老が、冒頭の「カタマリ」という言葉を口にしたのである。はっとしてその意味をさらに聞いてみ

ゼミ生の真剣な目を伝承者が優しく受け止める

ると、七月一日の「カタマリ」の夜、舞に関わるすべての人が集まり、「あんたはこれを舞いなさい」などと担当を決め、酒（子どもはジュース）を飲みながら、みんなで心を一つに固めるのだという。その後、ゼミ生の聞き取り調査によって、七月十五日に「ナカショ」という集まりもあることがわかった。中所の意で、気持を固める中間の儀式である。確かに、二ヶ月にわたって舞の練習から本番へと続くのだから、全員の気持を一つにしなければ成し遂げられない。その儀式が「カタマリ」であり、「ナカショ」なのである。

その年の三回の比山舞は八月二十日、最後の「神送り」十一演目を舞って無事終了した。その期間、古老をはじめ子どもから大人まで、舞い手への聞き取りは細部にまで及んだ。例えば、「翁」は指先にどのように気を付けているのかと聞く。すると現役の「翁」の舞い手は、「指先と視線は水平を保ち、決して下げない」との答えが返ってくる。すかさず、昔舞っていた師匠格の古老が横から「腹の中から見た人でねば本当の比山は舞えね」と言い添える。また、はっとしてその意味を聞く。母親のお腹の中にいる時から見ていないと、正統の比山舞の舞い手にはなれないという意だと説明してくれる。かつては長男だけが舞うことを許された比山舞の長い歴史から生まれた言葉である。厳しい生活の中で舞を支えてきた人々の誇りが表れた、これもリアルな言葉と言ってよい。

次へ伝えるために

生活や行事そして長い間絶やさずに伝えてきた芸能の細部に聞き及んでいくと、飾り気のない生活者の声が真実の響きを伴って、次から次へと紡ぎ出されてくる。その言葉の数々は、長いあいだ、村の人々の生の営みの中で、必ず伝えるべきものとして残された先祖たちの知恵なのだという実感を抱く。鳥海山から流れる清水に恵まれた杉沢は、一見豊かな土地のようだが、かつては出稼ぎが盛んな村だったと、実際にそれを経験した古老のひとりは語る。そのような厳しい農村生活の中で、高度に洗練された比山舞を維持し、伝承していくためには、村人の強い結束と舞への誇りが不可欠だったにちがいない。「カタマリ」は舞を伝えていく知恵そのものであり、村人にとって深い意味をもっていたのだ。

民俗調査の一事例から、聞くことの意味を考えてきた。聞き取り調査はただ聞くこと、話に耳を傾けることではない。もちろんじっと聞くことも必要であるが、生活の奥にしまい込まれている言葉を引き出し、それに出会うことが求められる。聞くことは引き出すことなのである。その時、聞き手である調査者は引き出すことの準備ができているかを試されてもいる。

しかし、大切な言葉が目の前に出てきても、それを重要だと認識できなければ、あっという間に通り過ぎていってしまう。そこではっとして立ち止まり、意味を聞いて重要性を確認するのでなければ引き出したことにならない。調査者の側に求められているのは、リアルな言葉に反応し、発見し、聞き逃さない感性である。調査者はその言葉たちに出会う幸せを得るために、常にそれを引き出すことの準備とそれに反応する感性を養う努力をしておかなければならない。

〈平成二十一〈二〇〇九〉年三月〉

Ⅳ　わが民俗体験の記録

1　龍蔵院お七日行事の記憶

里修験の家

お七日《なのか》行事は毎年、旧暦の十二月一日から始まる。朝、着物を着た近所の男がひとり、家から持ち出したほら貝を中の口の前で吹き鳴らすのだ。ブオーブオー、時折裏返ったように、ブオーピーピーと集落に向かって、早く集まれと言うがごとく吹く。男は、毎年の決まりごととして、朝食の後に仕事に出かけるような顔で平然と吹いている。

私は龍蔵院と称する修験山伏の家に生まれ、十歳までそこで暮らした。山形県の葉山東麓（村山市富並）にある山村の家である。茅葺きの大きな屋根に煙出しの小屋根がついていた。間口が十四間もある大きな家で、通用口とは別に中の口があった。両脇に象の鼻を

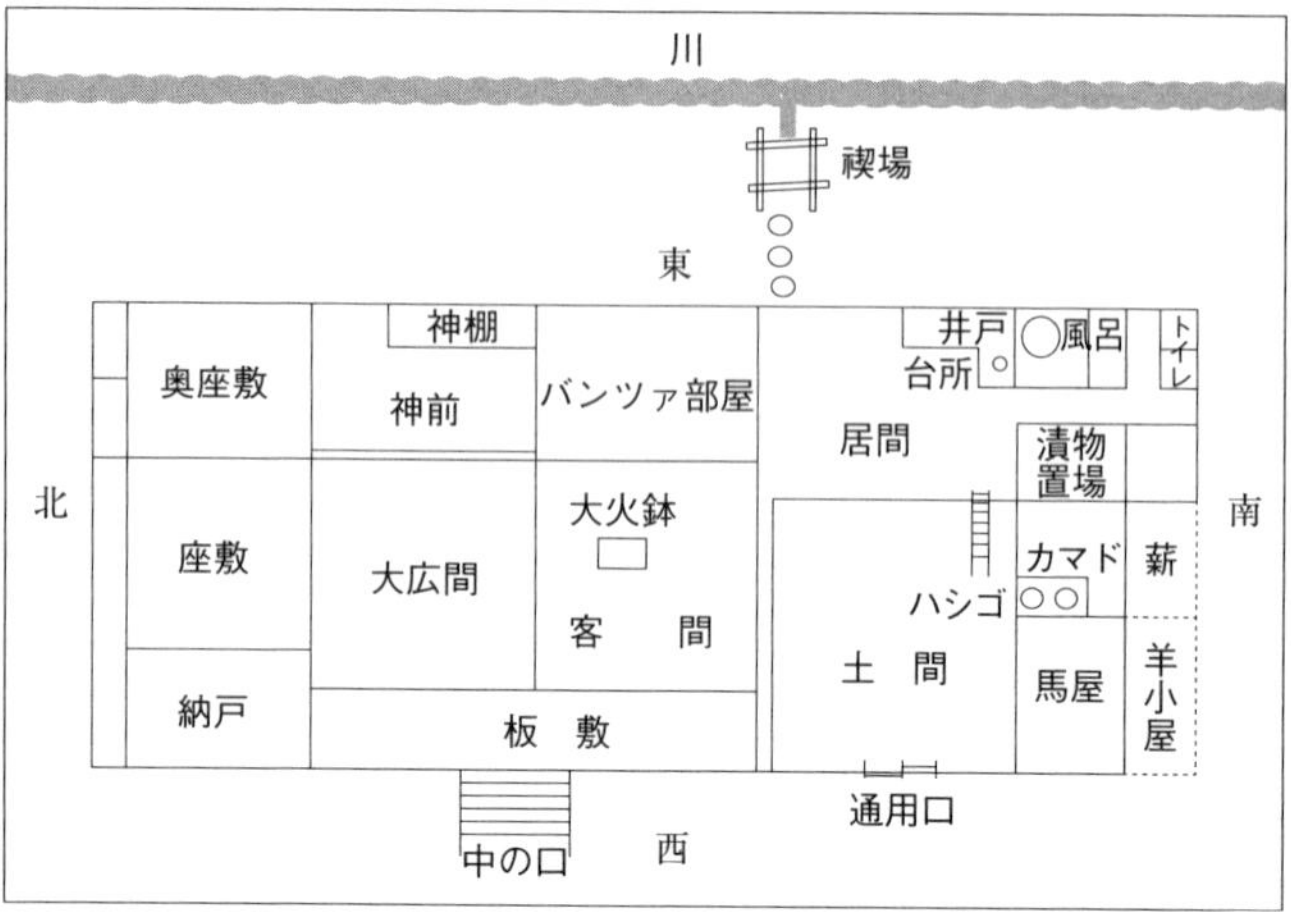

居駒家旧宅。文政11（1828）年築造の間取り。大人数のお行様が寝泊まりできる

かたどった横木と階段があって、神社の建物のようだと思っていた。男が出入りしていたのはこの中の口で、階段の前でほら貝を吹いていたのである。

いま考えれば、集落で信仰行事を行う里修験の家は、当主が神主をつとめるのだから、神社のような造りになるのは当然で、中の口を入ると大広間があった。その先の一段高い神棚がある部屋を神前《しんぜん》と呼んでいた。神棚は三つに分かれていて、葉山・月山・湯殿山の三山を祀っていた。葉山修験だから中央は葉山だと聞かされていた。昨年（二〇二三年）、九十九歳で他界した父は、子どもの頃に神棚に何が入っているか、どうしても知りたくてそっと扉を開けて見たという。中には三山の土があったと言っていた。
この中の口だが、昭和二十三（一九四八）年に一つの問題が起こった。明治五（一八七二）年の修験宗廃止令の後も、神主に復飾して行事を継続してきた里修験であるが、戦後は衰退の一途をたどっていた。神主の職も祖父までで、中学校教員の父は補佐する程度だった。問題が起こったのは父のもとに母が嫁いできた日のことだ。花嫁の行列が静々と家の前まで来て家に入ろうとした時、待ったがかかった。中の口か通用口かで、氏子たちが相談をはじめた。長談義の末、通用口から入ることが決まったという。母は生前、修験の家の因習によって待たされた挙句、嫁は通用口という扱いに驚き、とんでもない家に嫁に来たと思ったとよく話していた。その話になると、父はいつも小さくなっていたが、それは父のせいではなく、里修験の家では中の口に特別の意味があったのだ。

お行様の役割

先ほどのほら貝の音を聞いた男の氏子たちは、着物姿でぞろぞろと集まってきて、中の口から入っていく。年ごとに少人数になって、昭和三十年代は十数名ほどになっていた。

この人たちがこれから七日間、お七日行事をつとめる行者であって、「お行様《ぎょうさま》」と呼ばれていた。中の口は豊作を願って作神を祀るお行様の出入り口だったのである。母が入れなかったのは、葉山の作神を奉斎する修験の家のしきたりによるものであった。村の農家であるお行様たちは、精進潔斎して来年の米の豊作を葉山の神以下、諸神に祈願するという、まさに切実な役目を負っていたのである。本来は寒中の禊も課されていたのだが、後には祖父だけが家の裏の禊場で水垢離をとり、お行様たちは風呂場で水をかぶったという。そう考えると、中の口はお七日の期間のお行様、そして作神のためにある神聖な出入り口だったのだ。普段から特別な出入り口だったから、氏子たちが花嫁を待たせて相談に及んだのも無理はない。

お行様たちは忙しく立ち働いているかというと、意外なことにそうではない。日中はむしろ暇そうにしていて、時々家に帰って仕事をして夕方また戻ってくるという人もいる。夕食は自分たちで、つまり女性の手を借りずにけんちん汁を作り、ご飯を炊いて漬け物で食べる。女性たちはバンツァ部屋と呼ばれる別室で寝泊まりする別火潔斎の生活なのだ。母は教員の仕事があったので、子どもたちと二階で生活したが、食事は精進料理が中心だった。けんちん汁と漬け物にせいぜい玉子焼きのくり返しだから、子どもの私はとにかく飽きる。早く肉や魚が食べたいと何度思ったことか。

不思議な呪文

夕食が終わると、はじめてお行様たちの出番だ。神前の大広間に集まって、唱え言を始める。

アーヤニ　アーヤニ　クスシキタフト……カミノミマエニ　オロガミマツル

子どもにはまったく分からないこの言葉を延々と続ける。ただ時折、チリンチリンと鈴を鳴らす。これは朝食後も行う。お行様は意味不明のこの呪文を言うために我が家に寝泊まりしているのだと理解した。この呪文の時は大まじめに全員で声を合わせるが、それ以外は雑談をしたり、家に帰ったりと、意外に自由に行動している。私は大人たちの話をそばで聞くのが好きで、大火鉢を囲む男たちの話に聞き耳を立てていた。

いつの間にか私は、お七日行事のことをアヤニと言うようになっていた。アヤニが近づくと、なぜかうれしかった。あの呪文も覚えてしまって、大の大人が大まじめにタフトと唱えるのがおかしくて、ぷっと吹き出しそうになるのを必死でがまんした。

最後の七日目の夜、神前に多くのろうそくが並べ立てられ、村の役職者や村人たちも集まってくる。ろうそくは村人たちの寄付なのだ。白と赤のろうそくが百本以上あって、百匁や二百匁が多いが、三百匁の大きなものもあった。ろうそく係りの氏子が芯の周りに塩を盛って蝋が垂れないようにする。それに火がついてジリジリと音がする。お行様たちは村人たちが見ていることもあって、アヤニをいつも以上に大きな声で唱える。薄明かりの中で、ろうそくのジリジリという音とお行様たちの唱え言の大きな声が響き合って、ゴウゴウと聞こえてくる。少年の私でも崇高な異世界に連れ出された感覚になった。お七日行事のもっとも印象的な場面だ。

この唱え言が終わる頃、多くの村人が男も女も土間に集まってくる。お行様が撒く丸餅とみかんを拾うためだ。これは神様に供えたおすそ分けだから、ご利益にあやかろうと奪い合うように拾う。私はこの餅撒きが大好きだった。撒く男たちもこれで終わりだという開放感があって、大声ではやし立てながら無礼講のような騒ぎになっていく。私を見知っている撒き手がわざと目の前に投げてくれたおかげで、ポケットいっぱいになるまで拾っ

中央右の黒っぽい大屋根が龍蔵院。寛文元(1661)年の創家で、里修験の家の大きさがよくわかる。冬は軒まで雪で埋まる。右端が富並小・中学校

た記憶がある。村人はポケットを膨らませて満足して帰っていく。

お行様たちは翌朝、来た時と同じように着物を着て、それぞれの家に帰っていく。この朝からお行様たちがいた大広間が急に静かになって、もう雑談が聞けないという寂しさがあった。アヤニがとても愛おしく感じられるのだった。

豊作を願うヘンゾボ

実は、七日目の最後の夜、かつてはヘンゾボという豊作を祈願する富並地区独特の奇習が行われていた。男根をかたどった二本の棒をもって桟俵(俵のふた)を衝く所

作をする行事だ。父から聞いた話では、ヘンゾボが大火鉢を跨いで桟俵を追いかけ、激しく火の粉が舞い上がったという。観客の村人はワイワイ囃し立て、ますます激しさを増したというから、多産豊作の所作がいつしか娯楽になっていったようだ。男根を指すヘンゾボの語が行事そのものを言うようになったのだが、この奇習は太平洋戦争が始まった頃、風紀上よろしくないという理由で取り止めになった。このヘンゾボの後に餅撒きが行われたのだが、私が知っているお七日は餅撒きしかない行事になっていたわけである。

お七日という豊作予祝の貴重な民俗行事も、祖父の老いとともにお行様も集まらなくなり、昭和三十六年に父の転勤と転居によって龍蔵院も終わりを告げた。私は友だちの家に遊びに行くと、よくウラズクの子かとか、ユウゾインサマの家かと言われた。後に知ったが、ウラズクとは裏の宿坊の意だ。本通りから中に入った里修験の家だったことが、その名の由来である。ユウゾインサマは龍蔵院が訛った言い方だ。私が小学生の頃、お年寄りは私の家を修験とか法印としてまだ認識していたのである。

大学生になって柳田国男の本を読んでいた時、「綾に綾に奇しく尊と」とあるのを見つけて、アヤニはこういう意味だったのかと得心した。何よりもあの、ぷっと吹き出しそうになったタフトが尊いの意味だったとは。「不思議で霊妙な尊い神」と唱えて、葉山の神とか出羽《いでは》の神、湯殿の神と個別の神名を入れ、神の御前に拝み奉ると結ぶ。鈴を鳴らすのは葉山修験のもっとも大切なこの三神の時というのも、むべなるかなである。ようやく呪文の意味を理解することができ、少年の時、お行様たちのお籠りを見ていた私は、それをぜひ経験してみたいと思っていた。お籠りは二〇一〇年の十二月に思いがけず実現した。ひと言で言えば、死にそうなほど過酷で、生も死も超えた崇高さを感じる経験だった。それは、次に載せる福島市金沢の羽山ごもりのことで、その経験を通してお七日行事が実感として分かったのである。

〈令和六〈二〇二四〉年七月〉

2　羽山ごもり体験記

厳格な儀式

二〇一〇年十二月、福島市金沢の羽山ごもりに参加した。籠屋で物忌み生活を実修するこの行事は、現在、金沢地区だけにしか残っていない。その貴重な民俗的価値により、昭和五十五（一九八〇）年、国の重要無形民俗文化財に指定された。寒中の十二月二十一日から三日間、黒沼神社の男の氏子約三十人が水垢離をとって様々な神事を執り行うのである。

羽山ごもりの主目的は作占のように見えるが、実際に参加してみると、多くの儀式からなり、それぞれに役割や機能があることに気づく。

まず初日は、夕方籠屋に入り、着物に着替えてからシメ井戸でコオリトリ（水垢離）をする。シメ井戸は神明井戸の意で、籠屋から二百メートルほど離れた田んぼの中にある神聖な場所である。もち米はこの井戸水で洗う。コオリトリは神事のたびに行うので、三日間で六回に及んだ。最初は歯がガチガチ鳴るが、寒さに慣れると暖かく感じるから不思議だ。その夜はヨイサァを行う。全員、黄色の鉢巻きにふんどし姿で、囲炉裏端を走り回り、ワカバッパァと呼ぶ最上位の進行役を担ぎあげる。ヨイサァはもみ合う時の掛け声を表す。この儀式は代搔きなどの田作りを演じるもので、田植え歌もうたわれる。その歌は東北各地に伝わる田植え踊りの歌に通じるが、歌詞は独特のもので古態を保っている。籠屋では股引・タオルのほか布団の使用も禁止されるため、囲炉裏のまわりに雑魚寝をし、食事は一汁一菜という厳格な精進潔斎が課される。

二日目は、午後からお峯餅つきを行う。私たち外部のコソウ（小姓の意で新入り）も鉢巻きにふんどし姿で、口に息どめの藁をくわえて餅つきをする。その餅は神棚に供えてオガミの儀を行い、三日目にお山登りで神饌として持参する。羽山神社の唱え詞は葉山修験の三山拝詞に似ているが、アーヤニアーヤニの謡うような文句はなく、やはり独特のものである。

夕食はあんこ餅で、ヤワラの儀という。ヤワラとはご飯の謂いで、餅のほか豆腐と辛子味噌がつく。それが終ると、男根をかたどった大根とスゴ（わらみご）を巻いた白菜を合わせる儀式がある。陰陽合体による豊作予祝である。その後、きれいに食べたかどうかお椀を確かめる大寄セの儀があり、先達はコソウがよく修行を勤めたことを認めるのである。

夜の九時頃、四十八トゥの儀式が行われる。今回参加の五人のコソウがオガッカァという先輩氏子の指導のもと、コオリトリをして何度も鳥居まで走るという荒行である。本来四十八回往復することからこの名がある。しかし、今回は二回でいいとの恩情があった。しかし実際、ガタガタ体が震え、足が前に進まない。極限状態を乗り越えることで、コソウは一人前の氏子という資格を獲得していくのである。その間オガッカァは「ダイゴオリ」と連呼しながら、冷水を体に掛け続ける。コソウの代わりにコオリトリをするのである。それを見ると、コソウは心の底から感謝の気持ちが湧き、一層連帯感が強まる。この儀式は、文化人類学で言うイニシエーション（成年式）であり、村落共同体に欠かせない構成員の教育と入会という機能をもつことがわかる。

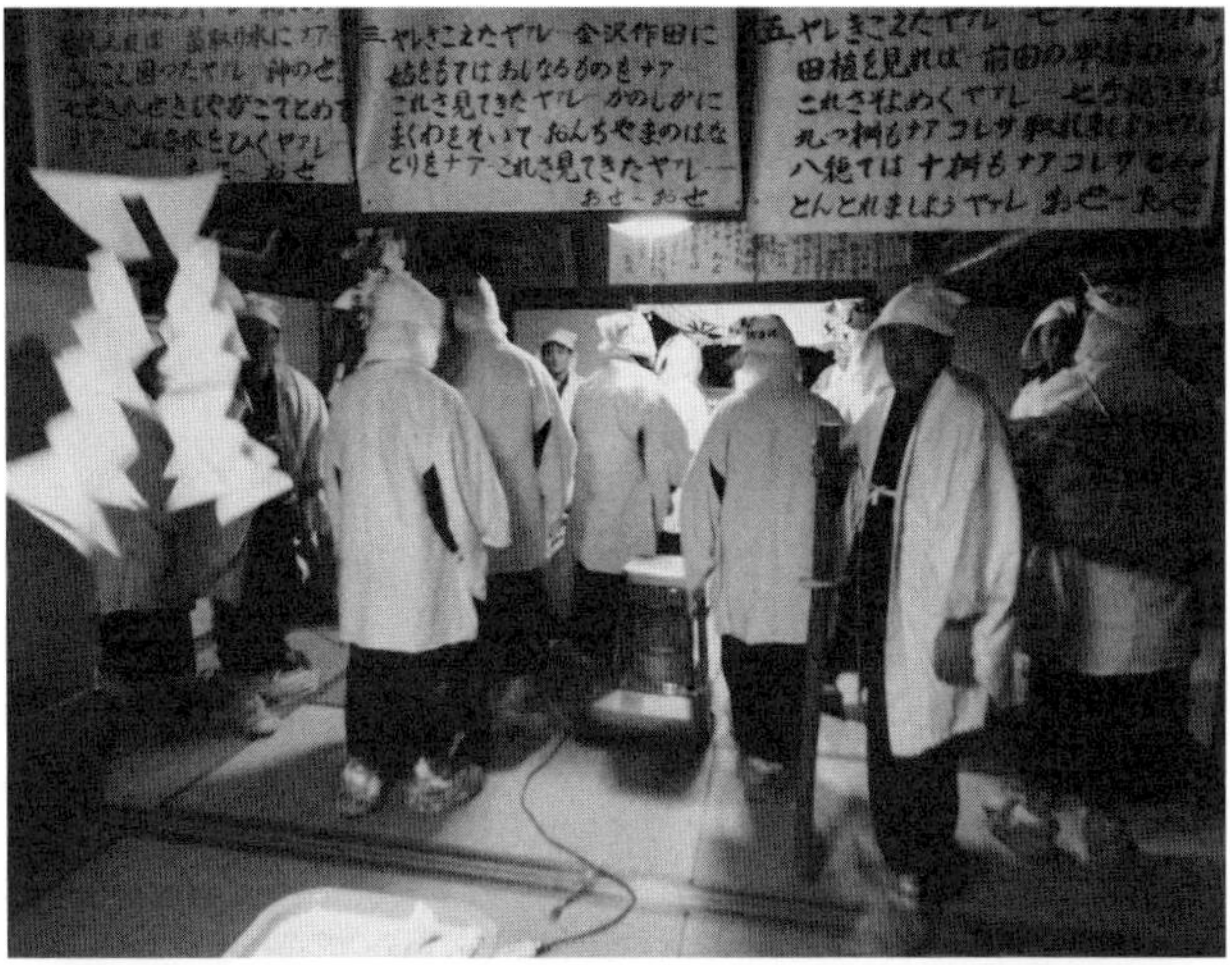

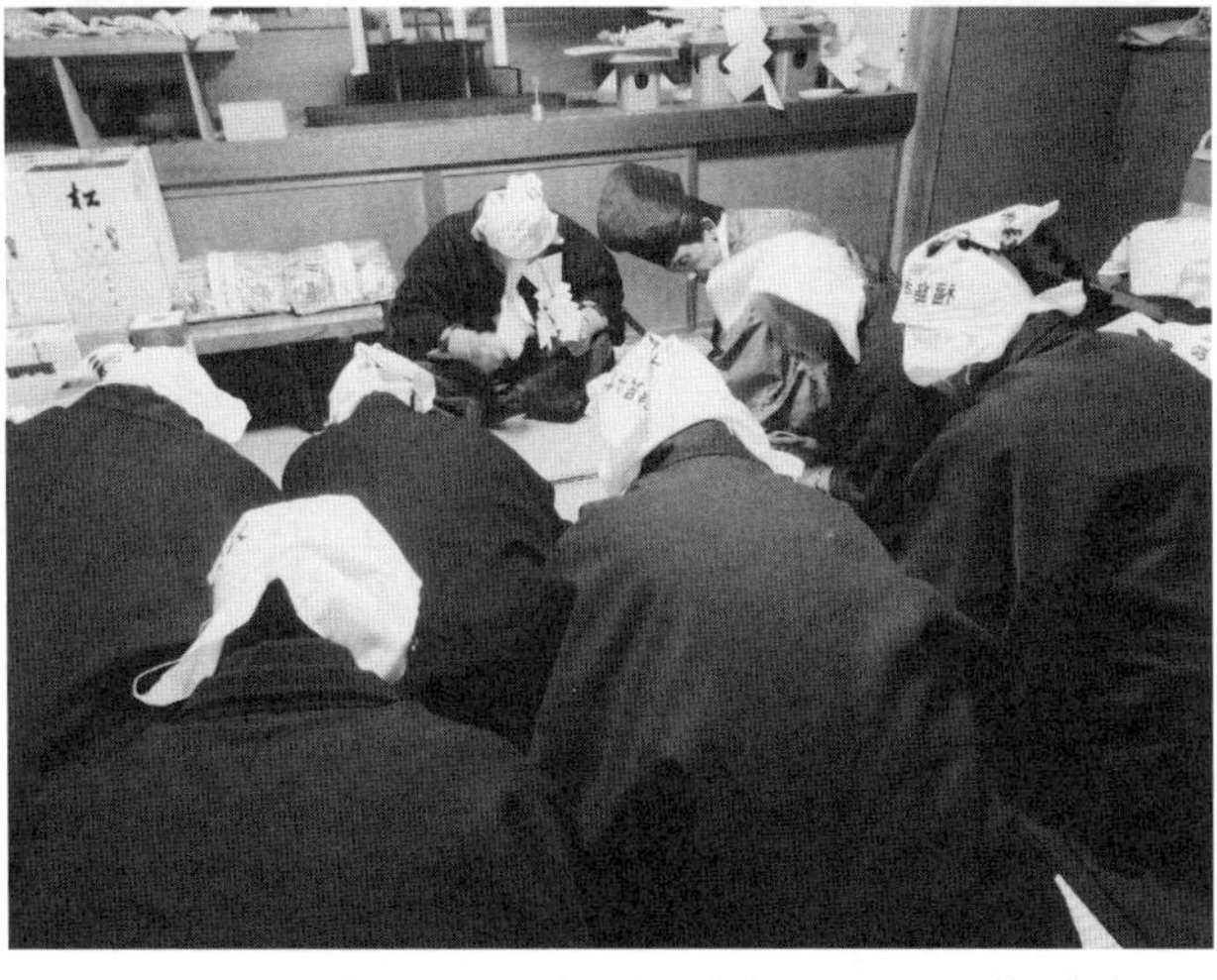

羽山ごもり。上：草鞋を履いて神棚の前に集合。お山登りの前の儀式が行われる。長押には唱え言の張り紙。下：ノリワラが手にもつ御幣をふるわせ、神がかりして託宣をしているところ。そばの長老が聞き取る

三日目はお山登りの神事である。未明三時からコオリトリをし、二手に分かれて五時に一番お山、六時に二番お山が出発する。出発時間は昨夜のノリワラによる託宣で決まる。手拭いを頭に付け（カンムリという）、白オリを羽織ってワラジ履きという出で立ちである。一番お山は、半分が真っ赤に焼けたお光木（オヒカリボク）を肩に下げ、大梵天やしめ縄、お峯餅を背負って黒沼神社に拝礼し、お山と称する羽山に向かう。私が加わった二番お山は羽山大神様（ご幣）と神明様（木像に布を着せ箱に入れたもの）をもち、行列の最後をノリワラが歩く。

一番お山が一ノ木戸に張ったしめ縄をくぐり、小高い山の上に着く。石造りの祠が羽山大神の奥宮である。その前ではかがり火が焚かれ、折からの風に炎が激しく揺れる。全員でオガミをし、声を合わせてゴウゴウと拝詞を唱える。白装束の男たちの顔が、真っ暗な中、かがり火に照らされる。物忌み生活が生んだ崇高な風景に見える。しかし、時だけが経っていく。風が強くてどうしてもろうそくに火がつかないのだ。燈明がないとノリワラによる託宣の神事はできない。そうしているうちに空が白みはじめ、託宣は黒沼神社の社殿で行うという。薄明るくなった山道を下りると、一番お山の行列が田んぼ道に点々と白く見えた。
ワカバッパァ以下世話役のカシキ九人が拝殿に集まり、ノリワラのそばに長老と神主が控える。薄暗い中でノリワラが燈明にぼんやりと照らされる。神ツケは神主の祝詞と鈴の音である。五色のご幣を一本ずつ持たせる。前かがみに座ったノリワラが両手に持ったご幣を激しく揺らしはじめ、長老がお伺いをたてると、低く聞き取れない声で託宣を下す。書き手が大急ぎで託宣を紙に写す。その動作を五回繰り返す。それがノリワラの儀である。作占の託宣は氏子全員に報告される。それが終わると、神主とカシキによって神明社にご神体の入った木箱が戻される。明るくなった籠屋では内ジメの縄が外され、朝食に魚・ミソ汁・ご飯が用意される。厳格な忌み籠りが終わったのだ。全員が生まれかわったような晴れやかな顔している。羽山ごもりの意味の一つがわかった気がした。

非日常の演出

私の体験を粗々述べてきたが、参加する前に二点、知りたいと思っていたことがある。一つは儀式で用いられる言葉である。籠屋では日常語とは異なる語を用いる。カシキの組織は、上からワカバッッパァ一人、オッカァ一人、ワカオッカァ二人、ヨメ長一人、ヨメ四人（四集落から一人ずつ）の九名で構成され、ワカバッッパァが実行責任者で、ヨメは新米世話役ということになる。この九名はかいがいしく食事の用意をし、後片付けをする。炊事を担当するので、カシキの名にふさわしい。しかもすべて家庭の主婦を表す方言で呼ぶのである。そこにはお婆さん・お母さん・お嫁さんという年齢階梯が明確に示されている。忌み籠り生活にはきちんとした序列があるのだ。

籠屋用語は食事の時にも飛び交う。ご飯をヤワラというのは柔らかいからくると想像がつくが、水はナガレ、米はオハナ、鍋はウシ、味噌はハゴ、汁はハシル、箸はヨセなど、中には関連がわからないものもある。これらは位相語の一種で忌み詞と見てよい。国語学的にも興味深い事例である。下駄をウマというのも面白い。足を乗せることからの命名だろうが、籠屋では手作りの新しい鼻緒の下駄以外は決して履かない。ここからもわかるように忌み籠り生活では日常と厳しく区別しなければならず、これらの忌み詞は神聖な物忌み空間を作り出す機能を果たしているのである。

神の言葉を伝えるノリワラ

二つ目はノリワラのことである。まずその名に関心をもった。おそらく乗童の意で、神が乗り移る童のことであろう。七歳までは神の内と言われるように、本来子どもに神がつき託宣をしていた名残りと見られる。ノリは神がつくことと同時に、神の言葉を告《の》ることでもある。そのような人を一般にはシャーマンと言うが、ノリワラの場合はどうなのか。その点に私はもっとも関心を寄せていた。

半沢安雄さんは昭和二十二（一九四七）年生まれの六十四歳。十三年間ノリワラをつとめ、一年だけ家の不幸で参加できなかったが、四十六年もの間、羽山ごもりを行ってきたという。私は半沢さんの話を聞くのが目的の一つだった。行事のない二日目の午前中は、ずっと半沢さんの話に耳を傾けていた。豪放磊落で話がうまく、人を引き付ける。沖縄の神がかりを調査している私の経験から言って、託宣者は事柄を分析し説明する術を知っており、相手を納得させる能力が高いという共通点がある。半沢さんもその資質をもっている。祖父もノリワラだったというから、資質は受け継ぐのかもしれない。

私はノリワラの選び方に興味があったので、それを聞くと、オガミの時にかすかに体が震える者がいるという。その人をノリワラとして養成していくそうだ。つまり神がかりしやすい資質ということだろう。前任者は八十歳を超えるまでつとめたが、半沢さんはまだ若いので、今のところ継承者は必要に迫られていないという。ノリワラは養成という訓練や修行を必要とする。奄美・沖縄で言えば、資質で決まる宮古島のカンカカリャ型ではなく、修行で成巫する奄美の親ユタ子ユタ型に近い。半沢さんは自分の託宣が間違っていれば、いつでも次の人に譲るとも言っていた。託宣の重さを常に感じているのだ。

ノリワラの儀式は羽山神社奥宮で行う作占の託宣を指しているように見えるが、実際に観察しているとそうでもない。一日目のオガミの後、村や個人のことについて託宣をするし、二日目の深夜も翌日のお山登りの出発時間を託宣で告げる。

村の託宣で興味深いことがあった。来年交替するヨメ一名を決めるのに三人の名が託宣で挙がったというのだ。後で半沢さんにその意味を聞くと、三人で相談して決めろということかな、という。「かな」とはどういうことかとさらに聞くと、自分では何を言ったか、まったくわからないという答えが返ってきた。それには驚いたが、神の言葉を取り次ぐだけだから、知らないのは当然である。

よく見ていると、ノリワラのそばに必ず長老がいる。保存会長をつとめる渡辺幸一さん（昭和八年生まれ）である。ノリワラの言葉は聞き取れないことが多いのだが、オサトシ（お諭し）を聞き出し、託宣を伝えるのを渡辺さんがつとめている。言わば、サニワ（審神者）の役割だ。渡辺さんは三人のヨメ候補に託宣を伝えるため籠屋から出て行った。村の大事な決めごとにノリワラとサニワ役の長老が関わっているのだ。これは幾度となく経験してきた村の存亡において、必要不可欠のものとして求められた装置と考えられる。最終的には神の言葉を聞くしかないというところにノリワラが存在することを実感したのだった。

（平成二十三〈二〇一一〉年六月）

3　ゼミの民俗調査余話

昭和六十（一九八五）年に羽陽学園短期大学で「むかし話わらべ唄研究会」を立ち上げ、学生たちと寒河江《さがえ》市幸生《さちゅう》で合宿し、白岩など周辺地域で昔話やわらべ唄の聞き取りをしたのが、私が学生とともに実施した民俗調査のはじまりである。幼児教育科の学生だから就職後に教育現場で活用できるのではないかというのが調査の動機だった。

昭和六十三（一九八八）年、明治大学経営学部に転任してゼミで卒業論文を指導することになった時、他人の論文の切り貼りで卒論を書くことだけはさせたくなかった。自分で調べて自分の言葉で書くにはどうしたらいいか、と考えて思いついたのが、ゼミ生全員が合宿して行う民俗調査だった。経営学を修得する学生だが、この経験は就職してからきっと役に立つだろうと考えた。私の知り合いの協力も得て実施した山形県の調査地は、二十一ヶ所に及び、調査報告書は二十三冊になる。二〇一八年度は民俗から少し視点を変えて、文化庁に採択された村山市の歴史文化基本構想を調査し報告書をまとめた。この二十四冊は山形市の遊学館に寄贈し閲覧できるようになっている。学生との調査は、途中二、三年の休止はあったものの、私が定年退職する前年の二〇一九年まで三十二年間続いた。

これから紹介する話は、調査中の思いがけない出来事や人との出会いなど、言わば調査余話である。

* * *

寒河江市幸生・白岩（一九八六年）

旧幸生小学校（公民館）で合宿して昔話と童歌を採集した。その時出会ったのが幸生在住の菊池正男さんだった。芸達者で民謡が格別にうまかった。夜は彼のワンマンショーだった。ほっかむりして大黒舞を舞うなど聞いたことがないが、これが女子学生に受けてあっという間に人気者になった。飴売り唄も披露してくれた。さらに、数え唄、松坂など次から次と唄をくり出した。

彼は私たちの調査対象だった。唄は明治生まれの「ドンブ屋の爺」から教わったという。「ドンブ屋」とは銅を製錬していた家の屋号だ。幸生はかつて栄えた長松銅山の入り口にあり、銅山で働く人々がたくさん住んだ。各地から集まる人々が唄を運んできて、天才芸人菊池さんによって、この地に定着したということになる。長松銅山は廃坑になって久しいが、かつて銅山で働く人々がどんな唄をうたっていたのか。菊池さんの民謡からそれをうかがうことができる。

白岩在住の那須貞太郎さんも忘れることができない。教員の経験をもち、詩など文学にも造詣が深かった。伝承者を紹介してくれただけでなく、自らも「新町《あらまち》のお観音様」という話を聞かせてくれた。地元の観音堂に鎮座する観音像の指が一本欠けている由来譚だ。ある時、盗人が観音像を背負って盗み出し、坂を下ろうとしたが、重くて進めない。やはりお堂に返そうと思った時、急に軽くなり、もとに戻すことができた。盗人は罪深さを思い知って改心したが、担いだ時に手の指が一本欠けてしまった。でも、欠けた指を見る人は、かえってありがたく拝んでいるという内容だ。ゆったりとした語り口で、言葉が鮮明なのが印象的だった。

実は、四季派の詩人、丸山薫（一八九九〜一九七四）を岩根沢小学校の助教として迎えるために尽力したのが、当時、当校の教頭をしていた那須さんだったことを、その時ご本人からうかがった。昭和二十年、丸山が疎開先として僻地の小学校教員を希望していると聞き、校長や県と交渉して採用にこぎつけたという。丸山はこの地に昭和二十三年七月まで住んで詩作し、三冊の詩集と子ども向けの詩集一冊を出版する。那須さんから話を聞き、丸山が岩根沢で詩作をすることになったいきさつをはじめて知ったのだった。

山形市山寺（一九九二年）

芭蕉も訪れた山寺は、天台宗の古刹で、立石寺が正式名称。切り立った岩山に千段の階段が奥の院まで続く。この山寺で八月六、七日に行われる磐司祭《ばんじさい》を、四年のゼミ生十六人が四泊五日で調査した。

夜行念仏一行は午後三時から村の各地で念仏を唱え、夜に念仏堂から参道を登っていく。姥堂で念仏を唱える時は、テレビカメラが撮影に来ていて、姥像の赤い大きな口に照明が当たって不気味だった。白装束の保存会の人たちは、ゆっくり休みながら石段を登っていく。ゼミ生と私はその後ろをついていく。途中で奥山からヒーリーと寂し気な鳥の声が聞こえてくる。トラツグミの声だが、学生たちは気味悪いと言う。途中の四寺院で念仏を唱え、休憩する。かつては多くの参拝者が待っていたらしいが、少人数が泊まるだけになっている。

奥の院に着いたのは、もう十一時を過ぎていた。七名が泊まることを許され、他のゼミ生は宿に帰った。念仏を唱え、満行（夜行が終わること）になった後、直会にも参加した。毛布一枚を借りてお堂に寝たのだが、壁一面に「むかさり絵馬」が掛けてある。結婚前に亡くなった人、特に戦死した若者のために結婚式の絵を描いて奉納する習俗だ。冥界結婚とも言い、この地域特有の民間信仰として知られている。電球の薄明りの中に軍服の男と花嫁衣装の女がぼんやりと見えて、思わず目を伏せる。

翌朝の五時半、全員で境内を掃除する。学生たちにはその時「むかさり絵馬」の説明をする。昨夜寝る前にその話をしたら、眠れなくなると思ったからだ。案の定、学生たちは神妙な表情で絵馬を見ていた。朝の空気は、八月なのに寒いくらいで、掃除をしていると心が洗われるような清々しい気持ちになる。朝の念仏を唱えた保存会の人たちが山を下りる。途中の五、六ヶ所で念仏を唱える。私たちも後に付いて山を下りた。
山寺の夜行念仏はその名の通り、夜中に念仏を唱え歩いて死者供養をする、山寺ならではの行事であることが、奥の院まで同行させてもらって実感できたのである。

西川町岩根沢（一九九六年）

岩根沢は宿坊の村である。村に通ずる急な坂道を上っていくと、出羽三山神社に突き当たる。集落は門前の家々と山の斜面に点在する家々とに分けられる。詩人丸山薫が「高い村」と呼んで愛した村だ。斜面のわずかな平場に建てられた家の人々は、まるで天空にいるがごとくはるか下に平地の集落を眺めて暮らす。丸山の借家も山上にあり、鳥の姿を詩に書いた。

私はいつもかれらの背を俯瞰《みおろ》していて
かつて　その腹を仰いだことがない
（「高い村」）

ゼミ生は岩根沢太々神楽《だいだいかぐら》と集落の民俗をテーマに調査をしたのだが、年中行事を担当するグループはウスピシという、戦前まで行っていた珍しい民俗に出会った。これは作占いとか作だめしと呼ばれる、その年の豊凶を占う年始めの行事だ。十二月三十一日に、一升ますにうるち米を敷き、ナリトリモチ（鏡餅）と小銭を入れる。土間にむしろを敷いてそれを置き、餅つきが終わった臼を洗い、ひっくり返してかぶせる。臼にはしめ縄を巻いて、藁を七・五・三本の束にして挿す。一月三日、朝早く起きた者が臼を片付けて、小銭をもらう。それはたいてい子どもの役割で、小銭はお小遣いになる。餅に米粒がたくさんくっついていると、その年は豊作という作占いだ。ウスピシは臼伏せの訛りだろう。この行事を知っている家はわずかに二軒しかなかった。半年後に完成した報告書を持参して調査のお礼にうかがったら、詳しく教えてくれた家の当主は急に亡くなったと聞き、驚いた。貴重な調査報告になった。

中山町達磨寺（二〇〇一年）

ゼミ学生と一緒に調査をしていると、「卒論を書くのか、がんばれ」と言って、貴重な古文書を見せてくれることがしばしばあった。ゼミ生に注意していたのは、そのような時は必ずその場で画像データとして保存することだった。好意に甘えて持ち出したりしてはならないと、厳しく指導していた。破損や紛失は絶対に避けなければならないからだ。活字文献であっても、コピーをとらせてもらい、その日のうちに必ず持ち主に返すようにしていた。これは調査の基本だと私は考えている。

私のゼミの調査がきっかけで、貴重な写本の発見につながったという事例もあった。中山町達磨寺で田植え踊りを中心に民俗調査を実施した時、踊り手の家から唄本が見つかったのだ。東京から大学生が調査に来るというので、古い箱を調べていたら、「田植踊哥記」と筆字で表書きのある明治三十九（一九〇六）年の写本が出てきたと言って見せてくれた。調べてみると、唄本はこの村の初代踊り手だった人が書き残したもので、孫の代に古い家を建て替える際に見つけて箱の中に保管していたのを偶然発見したという。

芸能を担当するゼミ生のグループは、現在使っている唄本と昭和九（一九三四）年の記録に加えて、さらに古い明治三十九年の写本の三本を比較し、田植え踊りの芸態や歌詞の変遷を明らかにした。これを調べるために、四泊五日の本調査の他にさらに二回も追加調査をしたゼミ生がいた。卒論はすばらしい出来で、全員の卒論を構成して一冊にまとめ、調査報告書が完成した。これもひとえにゼミ生の卒論制作を励まし、協力してくださる調査地の人たちのおかげである。

鶴岡市高寺（二〇一一年）

庄内の高寺《たかでら》は羽黒修験の村である。この年は五月八日に雷電神社例大祭で行われる高寺八講という民俗芸能を調査した。九月にも四泊五日の民俗調査を行った。神社に隣接して照光寺という古刹もあるから、明治時代までは神仏混交の修験集落だった。その名残は家々の古い佇まいからいまも感じ取ることができる。

高寺八講は山形県無形文化財に指定された羽黒山系統の修験芸能で、花笠舞・稚児舞など四番が伝承されている。笠や衣装は華やかで、舞の動きも優雅だ。聞き取りでは京都から伝わったと伝えている。花笠には細い紙のシデをたくさん付ける。同様の舞はゼミで調査した遊佐町吹浦（二〇〇九年）の花笠舞、酒田市平田（二〇一〇年）の新山延年にも見られ、庄内には広く伝承されていることが分かった。

高寺八講「花笠舞」を演ずるゼミ生。猛特訓して人手不足の祭りを盛り立てた

聞き取りをしていると、予想通り、何軒かの家で照光寺縁起の巻物や蜂子皇子《はちこのおうじ》（能除太子《のうじょたいし》）の掛け軸という古文書や絵図を保管していることが、夜のミーティングで報告された。蜂子皇子は崇峻天皇第三皇子で能除太子とも言い、皇子は日本海の海岸由良に上陸し、高寺で過ごした後、羽黒山を開山したと縁起や口碑で伝えている。ゼミ生は二種類の照光寺縁起や関連資料を比較し考察した。新資料の報告は大きな成果である。

　ゼミ生と一緒に羽黒山神社の宝物館に展示されている能除太子の絵図を見に行った。口は大きく裂け、両目はギョロリとにらみつける異形の顔だ。ところが、照光寺の蜂子皇子座像は温和な優しい表情で、能除太子絵図とは正反対である。その違いがミーティングで話題になっている時、ゼミ生が高寺にもう一体、蜂子皇子像を所有する家があることを聞いてきた。そのお宅で見せていただくと、少し伏し目がちで目は赤く、鼻は大きくてやや恐ろし気な顔だ。ちょうど能除太子絵図と照光寺の蜂子皇子像の中間に位置する。民家にも所蔵されていることに驚いたが、羽黒山の開祖蜂子皇子（能除太子）は民間信仰として広まっていく過程で様々な解釈が加えられたことが跡付けられる。

お盆明けの八月二十二日～二十四日に、庄内一円でモリ供養という死者の供養行事が行われる。その山を「もり」「もりのやま」と言い、死者の霊が集まる場所を指す。ゼミ生は照光寺でも八月二十三日に境内で行っているという事実を聞いてきた。いまは縮小し、高寺の人たちが集まってきて、住職がお経を唱えるだけだと言っていた。

また、両墓制も残っている。両墓制とは遺体を埋葬する埋《う》め墓と墓石を設ける詣《まい》り墓の二つを分ける墓制だ。地元の人に墓地に連れて行ってもらうと、柿畑（庄内柿は有名である）の中に芝生の一角があり、葺石《ふきいし》が置かれた部分と墓石が立っている部分とがある。案内してくれた人は、いつも墓石の方を拝んでいるという。葺石は土葬の跡で埋め墓、墓石は詣り墓ということになる。対馬の例を見たことはあるが、こんなにはっきりと一ヶ所で両方の墓が見られるのは珍しい。一つの葺石に細長い卒塔婆が一つ置いてあった。

* * *

いま三十五年以上にわたるゼミの民俗調査で、印象に残る事例を挙げてみたが、ゼミ生との話し合いの中でいつも話題にしたのは、いまの祭礼行事や民俗、生活している人々の考えを記録して次の時代に残そうということであった。調査報告書は年ごとに進化していったが、途中から「聞き書き」を取り入れた。自分のフィルターをできるだけ通さないで、伝承者から聞き取りをしたそのままの記録も残したのだ。つまり「聞き書き」資料である。これならば、次の時代の人々が考察の客観資料として使えると考えたのである。

ゼミ生たちは民俗調査をして卒論を書くことに精一杯努力した。全員の卒論を構成して一冊の調査報告書を作成するのに使命感さえもっているように見えた。自分たちの残したものが地域貢献になっていることを喜び、またそんな卒論が書けたことを、ゼミ生たちは調査地の人々のおかげだと感謝していた。

自分で調べて自分の言葉で卒論を書いてほしいという私の願いは、私が想像していた以上の成果となって実現した。その成果とは山形県に残してくれた二十四冊の民俗調査報告書である。ゼミの卒業生には仕事に余裕ができたら、かつて民俗調査をした地を訪れて、辛くて楽しかった合宿を振り返ってみてほしいと、私は願っている。

（令和六〈二〇二四〉年七月二十二日）

V　故郷の歴史と文化

1　史実と伝承——富並の一事例

直江兼続の出羽合戦

直江兼続《なおえかねつぐ》の見事な米沢帰還の陰に、もう一つの悲惨な退却があったことはあまり知られていない。出羽合戦での庄内上杉勢のことである。

慶長五（一六〇〇）年九月、兼続は関ヶ原の戦いに臨む石田三成の西軍と連携し、長谷堂城を挟んで最上義光と対峙していた。九月末、西軍の敗報を受けた兼続は、十月一日、すぐさま米沢に向けて撤退する。合戦での退却はきわめて危険だが、逆境にあって少しも動じない兼続の帰陣ぶりに、敵の義光でさえ「景虎武勇のつよみ、今に残りたり」（『最上記』）と、かつての主君上杉謙信（景虎）を重ねて称讃したという。

しかし、兼続軍に合流して寒河江《さがえ》や谷地《やち》に陣取っていた庄内上杉勢は、兼続の撤退と緊密に連動することもなく義光軍の総攻撃の前に敗走し、多くの犠牲者が出た。「最上家譜」（十月一日条）に「白岩・寒河江・長崎・富並《とみなみ》の所々において、千五百人を討ち捕り候ふ」と記すのはそのことを指す。その時、兼続からの伝令はなかったのか。総崩れとなった庄内上杉勢の一部は、主に最上川西岸で義光軍に追討されたことをこの記事は伝えている。

その中で最後に出てくる富並に注目したい。最上川西岸を庄内方面に抜けるとすれば、泥沢（通称デロザ）を通って富並の深沢に出るルートしかない。最上川と泥沢ルートの両

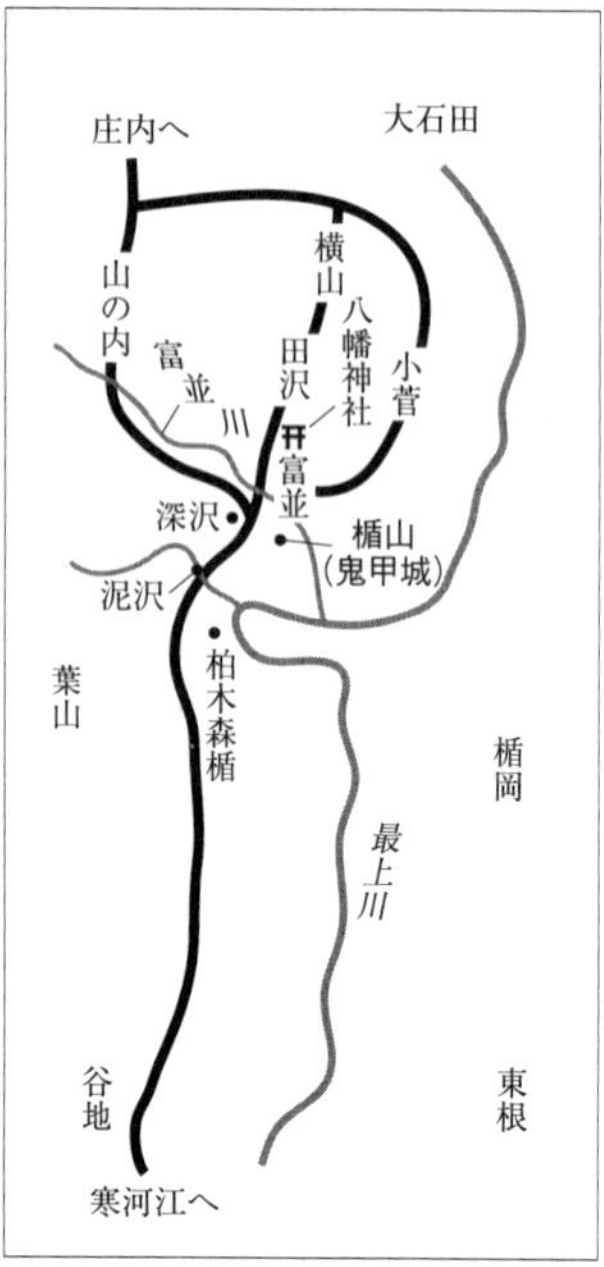

庄内上杉勢の泥沢・富並ルート。敗走する兵は富並ルートで追手に多数討ち取られた

面をおさえる位置に柏木森楯（村山市白鳥）が築造されたように、泥沢周辺は要衝の地であった。庄内上杉勢はこの泥沢から富並へ逃げ込んだことになる。富並は山の内・田沢・小菅へ分かれて庄内に通じる、扇の要の地と言ってよい。義光軍の追討は富並の地にまでおよび、敗走兵の多くが討ち取られた。おそらく死屍累々だったのではあるまいか。

富並に伝わる鬼甲城伝説

富並には、合戦の伝承が多く残っている。「勝った八幡様の方（兵）は古愛宕《ふるあたご》に葬って墓を立てたが、負けた楯山の方（兵）はデロザに捨てた」と、私は古老から聞いたことがある。「雨が降ると、デロザ近くの畑からピカピカと骨が見えることがあって、楯山の死んだ兵の骨だと話していた」とも語ってくれた。この古老の伝承は、楯山の鬼甲《おにかぶと》城に立て籠もる落浜入道大林が、同地の八幡様（神社）に陣を張る源頼義勢に滅ぼされる鬼甲城伝説に基づく。伝説の内容は、康平五（一〇六二）年、源頼義が奥州の安倍貞任らを討伐した前九年の役の焼き直しと言ってよい。鬼甲城の伝承は出羽合戦を直接語るものではないが、私はその間に関連性があると考えるようになった。

楯山山頂には「鬼甲城址」の碑が立つ。戦国期の富並楯跡で、富並彦一郎の居城

そもそも鬼甲城伝説の元になったのは、前九年の役の歴史的事実ではない。江戸時代中期以降、宮城・岩手を中心に盛んに語られた奥浄瑠璃《おくじょうるり》の一作品「鬼甲責《おにかぶとぜめ》」（「鬼甲山合戦記」の書名もある）である。この作品は写本が村山地方へも流布し、やがて富並の地に鬼甲城伝説として定着したのだ。人々は筋立てを地元の地名と結びつけ、落浜と頼義の合戦を史実と信じて伝えてきた。在地の伝承として大きくふくらませて豊かに語られたのである。人々が生活の中で伝え共有する事実、私はそれを伝承的事実と呼んでいる。

伝説化の過程

それにしてもなぜ、富並の地で鬼甲城伝説が語られたのか。聞き取りを進めていくうちに、楯山のことは「言うな語るな聞くなと言って伝えてこなかった」とか、深沢の大林地区に底なし沼と呼んでいる池があり、逃げてきた侍がそこに落ちて多数死んだという伝承に出合った。大林の池にはいまも供養碑が立っている。深沢では庄内の侍が死んだところに松を植え、それを庄内松と言ったとも伝えている。

泥沢周辺の兵の骨・大林の底なし沼・庄内松などの民間伝承は、出羽合戦で義光軍に追討され、富並の地で犠牲となった多数の庄内上杉勢と重なる。敗走兵の悲惨な最期は、言うな語るなという禁忌伝承をも生み出すものだった。富並の鬼甲城伝説の奥に、もう一つの合戦伝承が存在することはもはや明白である。富並の場合、出羽合戦の記憶に鬼甲城伝説が重ねられ、言わば伝承の重層化が見られる。伝承の根底には犠牲者への供養があり、出羽合戦を直接語らず、別の話に置き換えて伝えてきたということになる。

出羽合戦は富並の他にも畑谷や東根など各地に民間伝承として残っている。文献記載の史実と並行して存在する民間伝承の収集と解明は、伝承学の重要な課題である。出羽合戦を戦った直江兼続の光と影は、このような伝承学的視点からも浮かび上がってくる。

（平成二十一〈二〇〇九〉年九月九日）

2　現代によみがえる富並八景

八景の流行

二〇一一年の東日本大震災では海岸の町が未曾有の被害を受けた。日本三景の一つ、松島にも津波が押し寄せた。芭蕉が松島を訪れたのは元禄二（一六八九）年、「奥の細道」で「洞庭・西湖を恥ぢず」と絶賛した松の緑の島々は、かろうじて破壊をまぬがれた。これからも変わらずに人々の目を癒し、楽しませてほしい。その美景を選んで「松島八景」としたのは、芭蕉の旅よりも少し前のことのようだ。延宝三（一六七五）年の巻頭文を置く黒川道祐《くろかわどうゆう》「遠碧軒記《えんぺきけんき》」に四十ヶ所近くの八景が挙げられ、「近江」とともに「陸奥松島《むつまつしま》」「塩竈《しおがま》」が見える。

そもそも八景とは中国の洞庭湖に注ぐ瀟水《しょうすい》と湘江《しょうこう》の佳景、瀟湘八景《しょうしょうはっけい》に基づく。「平沙落雁《へいさらくがん》」「遠浦帰帆《おんぽきはん》」などの瀟湘八景を模したのが「堅田《かたた》の落雁」「矢橋《やばせ》の帰帆」などの「近江八景」で、道祐は撰定者を近衛信尹《このえのぶただ》（一五六五〜一六一四）とする。その影響は大きかった。江戸時代初期に多くの文人が諸国の名所を近江八景に当てはめて賞美する風潮を生んだのだ。芭蕉の「奥の細道」は佳景の発見という時代に接していたと言える。

富並八景の誕生

道祐からおよそ一六〇年後、羽前国村山郡富並村（現村山市富並）の五保《ごほう》（岩吉）という筆取《ふでとり》（庄屋を補佐する書記役）が「最上富並八景」を作っている。天保六（一八三五）年、京都の寺院に参詣して買い求めた経本の紙背《しはい》に、「片倉の落雁」「境の目の帰帆」など富並の八カ所の名勝を選び、詠歌を書き記した。「近江八景を引きて当八景出《とうはっけいいい》だす也」とあるから、「近江八景」にならったことは明らかで、京都の旅でそれを知ったのだろう。

また、同村の庄屋であった寺崎家にも「富並八景」が保存されていることがわかった。そこにも「桜林舎五保《おうりんしゃ》」とあり、二つの文書は同筆と見られることから、五保が清書して庄屋に贈ったもののようだ。「桜林舎」は屋敷に桜の木があったことに由来し、屋号からも五保の風流な趣味がうかがわれる。

こうして「八景」文化は江戸時代後期に諸国に広まる。山形県にもいくつかの「八景」が見られる。例えば、菅沼定昭《すがぬまさだあき》「上山見聞随筆《かみのやまけんぶんずいひつ》」に引く「上山八景」は江戸時代後期と推定されるが、作者・成立年代が不明である。小松雲涯《こまつうんがい》の絵に俳句を配した「山形十景」は、時代が下って明治十五（一八八二）年頃の作とされる。また「酒田十景」は五十嵐雲嶺《いがらしうんれい》（生没年不詳）が描いた版画で、文久《ぶんきゅう》年間（一八六一～六三年）に発行されたものである。江戸時代の作で作者や成立が明確な「富並八景」のケースはむしろ珍しい。しかも、山形県では古いものの一つであり、文化史的価値が高い。

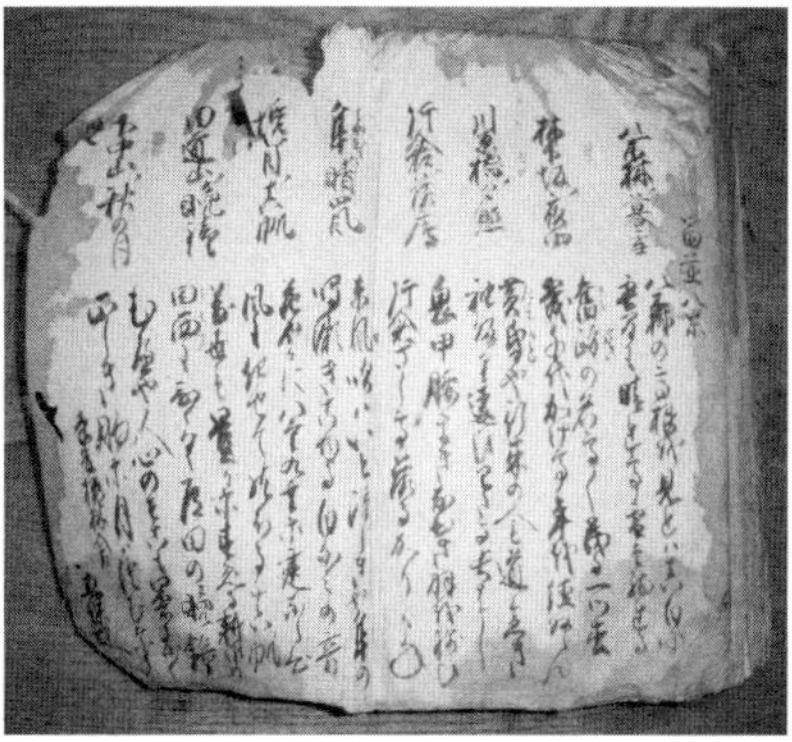
庄屋の寺崎家に残る富並八景の和歌

ふるさと再発見

しかし、今から一七〇年以上も前に「富並八景」が存在したことは、山形県はもちろん、地元でもほとんど知られていない。そこで今回、和歌の一部に筆者がわずかな修正を加え、富並出身の書家・如渓《じょけい》が揮毫《きごう》して現代によみがえらせた。なお、その書額は大高根地区市民センターに寄贈され、公開されている。

八景のうち二ヶ所を紹介してみよう。

片倉の落雁　　鬼甲《おにかぶと》　山の端《は》越えて　羽を揃へ　片倉さして　落つる雁《かり》がね

境の目の帰帆　　華やかに　八重九重に　立ち並び　風に任せて　上る真帆《まほ》かな

近江八景の「堅田の落雁」は音が通う地元の地名、片倉に生かされ、いまも伝説が語られる鬼甲城の旧跡も詠み込まれる。琵琶湖を船が行き交う「矢橋の帰帆」は境の目集落前の最上川を往来する帆掛け船になぞらえる。このあたりはかつて紅花や米を積んだ船が上っては下っていた。文化二（一八〇五）年には近くの村から最上川の見回りに用いる御紋《ごもん》

境の目の帰帆。境の目は富並の南西の集落で、最上川の景観が美しい

付高張提灯《つきたかはりちょうちん》の申請が代官所に出されている（「寺崎家文書」）。当時、境の目周辺を川船がさかんに行き交い、「上る真帆かな」をうかがわせる風景があったことは間違いない。

上方江戸の文人を中心に広がった「八景」趣味は、江戸後期には東北の村の好《こう》事家《ずか》にもおよび、「富並八景」とその和歌を生んだ。「近江八景」に通じる名勝、佳景が求められたのだ。「八景」文化の現象は全国に及んだ。和歌世界には名所を詠むという歌枕の伝統があったが、「八景」文化はその伝統を基盤としつつ、自分の村の風景を「近江八景」に重ねて讃美する精神に発展していく。ひと言で言えば、わが村を愛する心だ。現代によみがえる「富並八景」は自分たちの周囲にある風景と文化を見直す機会になると同時に、ふるさとの再発見という意味をもつ。

東北にも景勝地は多い。それぞれに地域を愛する文化の蓄積がある。「松島八景」はその代表格だ。長い時間がかかろうとも被災者のみなさんが海岸の町を復興させ、人々のふるさとであり続けてほしいと心から願う。

（平成二十三〈二〇一一〉年四月二十六日）

3　最上徳内とシーボルト

蝦夷地の調査

最上徳内《もがみとくない》（一七五五〜一八三六）は江戸滞在中のシーボルト（一七九六〜一八六六）のもとを訪ねた。文政九（一八二六）年三月十日（新暦四月十六日）のことである。

徳内は出羽国村山郡楯岡村（現村山市楯岡）生まれ。幕府の役人として蝦夷地（現在の北海道・サハリン・千島）を踏査し、正確な地図を描いただけでなく、アイヌの人々の言語や生活にも深い見識をもっていた。その渡航は天明五（一七八五）年から九回にも及んだという。一方のシーボルトはドイツのヴュルツブルクで医学者の家に生まれ、文政六（一八二三）年に長崎の出島オランダ商館に医者として派遣される。帰国後、収集品の展示と著書『日本』によってヨーロッパに日本を紹介したことで知られる。

シーボルトとの交流

二人が会った時、徳内七十二歳、シーボルトは三十一歳だった。徳内の話を聞いたシーボルトは日記（斎藤信訳『江戸参府紀行』平凡社、一九六七年）に次のように書いている。

「彼は絶対に秘密を厳守するという約束で、蝦夷《えぞ》の海と樺太《からふと》島の略図が描いてある二枚の画布をわれわれに貸してくれた」と。

シーボルトは徳内の数学とそれに関連する学識に驚く。蝦夷海域・樺太島の地図に対しては「実に貴重な宝ではあるまいか」と喜び、徳内の体験を克明にメモしている。そこには、徳内の話にじっと聞き入るシーボルトの姿があった。「わが老友」「わが数学者」と記すシーボルトは徳内に敬愛の情さえ抱いていた。

村山市の最上徳内像。27歳で楯岡村から江戸へ

三月十五日（同、四月二十一日）に「毎朝、老友最上

徳内とエゾ語の編纂のことで過ごす」とあり、翌日には「エゾ語や地理学などの作業を続ける」と書いている。二人の作業とはアイヌ語の辞典作りだった。徳内は寛政二（一七九〇）年自序の『蝦夷草紙』に部分的なアイヌ語と日本語の対照表を掲載し、また初めてのアイヌ語辞典である上原熊次郎「藻塩草」（寛政四〈一七九二〉年刊）に序文も寄せている。彼はアイヌ語辞典の先駆者でもあった。

四月十五日（同、五月二十一日）、帰路についたシーボルトは小田原まで送ってきた徳内に「いまこの功労の多い立派な老人は山崎の三枚橋の畔でわれわれに別れを告げた」と書き残している。二人の信頼関係には学識とともに、人間性への尊敬の念があった。

シーボルトハウスの庭にある
シーボルト像

ところで、村山市は今年度（二〇一七年度）から二年間、文化庁から採択された歴史文化基本構想（以下、歴文構想）の策定事業に取り組んでいる。その政策は文化遺産を活かした魅力ある地域づくりを目指すものだが、一つの柱として、村山市が生誕の地である最上徳内の国際的な業績を掲げている。ヨーロッパの日本研究において、徳内資料は現在も重い意味をもつからだ。

村山市は歴文構想の一環として、十月にオランダとドイツに徳内資料の調査チームを派遣し、筆者もその一人として加わった。オランダのシーボルトハウスではちょうど日本の古地図展が開催されており、徳内が描いたサハリン・千島など六枚の地図が見られたのは幸運だった。ライデン大学図書館では目録で徳内の著とする「蝦夷ヶ嶋言語」などの資料を閲覧した。やや厚い西洋紙に、カタカナのアイヌ語・漢字の日本語・ドイツ語が端正な字で書かれている。「藻塩草」からの抜き書きかとも考えられ、二人の作業を思い起こさせる。徳内とシーボルトの学問的探究とその交流から学ぶことはいまでも多い。

（平成二十九〈二〇一七〉年十二月十四日）

4　「春のひかり」の歌碑

歌碑ができるまで

雪解《ゆきげ》早き　今年の春の　ひかりさへ　心に沁《し》むと　告げてやらまし

（高橋宗伸《そうしん》『亂山集《らんざん》』）

二〇二二年十月、右の短歌の歌碑が村山市富並の楯山（鬼甲城址）に完成した。地元深沢出身の歌人、故高橋宗伸さん（一九二八～二〇一四）の短歌である。作者は高校教員のかたわら短歌創作と作歌指導を続け、アララギ派の歌人として山形県歌人クラブ会長などを歴任し、斎藤茂吉文化賞や島木赤彦文学賞を受賞している。七冊の歌集のほか評論・研究の著作も多く残した。

富並集落を一望する楯山山頂に立つ歌碑。作者の揮毫

この功績からすれば、歌碑は遅すぎたくらいだ。きっかけは私が村山市の志布隆夫市長を鬼甲城址に案内した折、町内会の役員たちが城址に繁茂する杉林の伐採を嘆願したことだった。所有者は作者の奥様とご長男だった。私が歌碑建立と杉の伐採を申し出ると、快く同意し、城址の土地も市に寄付してくださった。その話を受けて地元有志が歌碑建立実行委員会（増川俊悦会長）を立ち上げ、寄付金を募って歌碑の建立が実現した。

歌碑建立に関わったのは、私にとって初めての経験だった。歌碑は見る人の心にずっと残る存在でなければならない。だから、選歌と場所は難しい。集落全体を見渡せる城址に設置することはすぐ決まったが、選歌は難航した。結局、作者が好んで墨書していた冒頭の短歌にした。自筆そのままを刻字したので、作者の思いが伝わる歌碑になった。

春に込める思い

歌に込めた思いは春の歓びだ。「例年になく雪解けが早い今年の春、そのひかりさえも心にしみると人に知らせてやりたいものだ」と解釈できる。第三歌集『亂山集』（一九八三年）に「春のひかり」と題した八首のうちの一首である。雪深い小国町に赴任していた時期の作という。雪国に暮らす人々は春の微かな気配を敏感に察知し、それを人に知らせずにはいられない。自分の春の察知を他の人と分かち合いたいという思いが歌の言葉を紡ぎ出している。

作者の詠風にはアララギ派歌人として『万葉集』の重視があるので、「雪解」「告げてやらまし」という万葉語が用いられる。ただ、万葉歌には「奈良の都に言《こと》告げやらむ」（15・三六七六）のように「告げやらむ」の形は見られるが、「～やらまし」という願望の用法では出てこない。作者が師事した土屋文明（一八九〇～一九九〇）の歌に「淋しさを遠く　つげてやらまし」（『ふゆくさ』一九二五年）とあるから、文明の影響があるのかもしれない。しかし、「春のひかり」から「告げてやらまし」に続けたのは、作者独自の歌境を示していて、雪国の人々の感覚が繊細にとらえられている。

作者が生まれ育ったのは、みちのく山形の雪深い山あいの村で、冬は雪の中を地元の富並小学校に通った。作者の少年期の感覚をこの歌に読み取ってしまうのは、私自身が同じ富並で十歳まで過ごした経験と重なるからだ。私の小学校時代は昭和三十年代の前半（一九五〇年代後半）で、冬季は大人たちが三回も屋根の雪おろしをした。その雪は家を埋めて、玄関に入るのに六段の雪の階段を下りなければならなかった。家の中はいつも暗く、明るい生活がほしい、と雪国の少年は願った。

雪国の「春のひかり」を待つ心は切実だ。それだけ「ひかり」の変化には敏感になる。作者と同じ富並の地で暮らした私がまっさきに春を感じたのは、きらきら光るかた雪の上に点々と置かれた田作りのための堆肥だ。三月も下旬になると、日が照って雪面がとけて固くなり、歩いてどこにでも行けた。冬の間、牛馬小屋に敷きつめた藁をソリに積んで、人力でかた雪の上を運ぶのである。いつの間にか、かた雪のきらきらした光りの中に堆肥の山がいくつも点在していた。きらきらしたかた雪は「春のひかり」だった。

残雪も消えはじめ、低い山の木々が芽吹く頃、田んぼはすっかり土があらわれて、あの

歌碑の説明をする筆者と富並小の児童。地元の歌人を知り、「春のひかり」に思いをはせる（富並小学校提供）

堆肥は目立たなくなる。雪の重さで枯れた草木が平らになって、まだ下草も生えない林は樹間がよく見通せる。木々の中でまっさきに咲くのがコブシの花だ。遠くから見ると、そこだけが白く光っている。春を告げる花は無垢な白というイメージがある。山中の湿地にひっそりと咲く水芭蕉もそうだ。冬から春への短い間に、白い花の「春のひかり」があることを、少年ながら私はコブシの花を見て知っていた。「春のひかり」を詠んだ歌碑の短歌は、雪国の人それぞれが抱く春への切実な思いを呼び起こしてくれる。雪国の人でなくとも、春を待つ心情は共有できるにちがいない。そういう普遍性をもつ歌だ。

歌碑ができたばかりの十一月、私は富並小学校から依頼されて全校生を楯山に案内し、歌碑の前で

「春のひかり」の短歌を説明した。子どもたちが、この歌碑を通して春を待つ雪国の人々の思いを感じ取ってくれたならば、そして大人になって歌碑の前に立った時にこの日の自分を思い出してくれるならば、私にとってこれ以上の喜びはない。

（令和六〈二〇二四〉年七月十一日）

5　子どもたちの原風景

ふるさとの風景

楯山（鬼甲城址）に登り、子どもたちが眼下に見える校舎に向かって校歌をうたう姿に心を震わせながら、私は、いま目に映っている光景が子どもたちの原風景になるのだろうか、ぜひそうなって欲しいと強く思った。

このような全校生徒遠足を思いついたのは、二年前（二〇二二年）の富並小学校校長、佐藤義紀先生である。佐藤先生と話す機会があった時、私は楯山から眺める八幡神社の頼義の杉（推定樹齢九百年の市天然記念物）や富並小学校の校舎とそれを取り巻く集落という佇まいが、私の原風景だと話した。先生は大きくうなずきながら聞いていた。私は十歳までこの地に暮らし、いつも楯山が見えていた。大人になってから故郷を訪ねると、懐かしくなって楯山からよく校舎を眺めた。すると、自分の原点にもどった気がして不思議と力が湧いてきたと言うと、先生は、そうなんです、あの場所は元気を与える気があるんです、と意気投合したのだった。どうも先生は赴任してすぐに楯山に登って気を感じたらしい。

私は話を続けた。大人になってから、自分の原風景はこれだと言える人は幸せだと思う。それは心の拠りどころとなって、悲しいことや困難なことがあった時、原風景に会いに行くと、いつも力をもらえるからだ。うれしいことがあった時もこの原風景に報告したくなる。私自身、楯山に来て校舎や自分の家があったところを眺めると、時間が少年の頃にもどって、なぜか心が落ち着く、と。

佐藤先生にこんな話をしたのは、原風景がもつ意味について私なりの考えがあったからである。実は、それを考えるきっかけは沖縄の宮古島にあった。私はそこで三十年来、神歌を中心に民俗調査をしているのだが、ある時、地元の研究仲間が撮ったビデオを観た。それは、二十歳ぐらいの女性がカンカカリャと呼ばれる民間宗教者と一緒にウタキという拝所を巡り歩く映像だった。一つのウタキでカンカカリャがウクイ（神への祈願の歌）をうたい始めた時、女性は人目をはばからずに大粒の涙を流して真っ直ぐ前を見る姿が映った。研究仲間の説明によれば、那覇に住むこの女性は生地の宮古島を訪れ、ようやく祖先が祀られているウタキに出会って感動しているのだという。女性はこの後、不安だった心が落ち着き、元気な生活を送っている様子だとも言った。

私はこのビデオを観て説明を聞いた後、胸が詰まってしばらく言葉が出なかった。女性は幼少期に転居したため自分の生い立ちが分からず、いったい自分は誰なのかと胸の内に暗い闇のようなものを抱え、それが原因で心が不安定になり、生活にも支障をきたすようになった。そこで宮古島に来て、祖先が住んでいた自分の生まれ故郷を探して歩いたということだ。故郷を尋ねることは、この女性にとって自分探しだった。滂沱《ぼうだ》の涙は、ついに祖先の地と自分とのつながりを確かめて感極まった姿だったのだ。女性はこの時、自分のはじまり、言い換えれば原風景を心の中にはっきりと焼き付けたのだと思う。

はじまりの意味

私は原風景を考える時、涙を流して前を見つめるこの女性が目に浮かぶ。そして、原風

富並小学校。上：グランドを囲む、くの字型の２階建て木造校舎。昭和11（1936）年築造（富並小学校提供）　下：３階建て鉄筋コンクリートの現在の校舎、白く目立つ近代的な建物に

景とは心の還る処なのだと納得するのである。もちろん、人それぞれに原風景がある。その中で、少年少女時代に過ごした場所の風景という人は多いのではないだろうか。私もそうなのだが、それは自分史の中のはじまりと結びついている。人生ははじまりといまを確かめながら先に進んでいく。芸事で言えば、「初心忘るべからず」（『花鏡』）という世阿弥の意味深い言葉に、はじまりの大切さが表れている。

はじまりの意味を解明したのは宗教哲学者のミルチャ・エリアーデ『永遠回帰の神話』（堀一郎訳、未来社、一九六三年）だ。古代社会では原初の聖なる行為をいまの生活の中で永遠にくり返すと彼は述べている。この原理は私たち現代人にも当てはまる。私なりの理解で言うと、人々はくり返しはじまりにもどって、そこから活力を得て未来に向かって生きていくということだ。自分の原風景を眺めていると、心が落ち着くとか不思議と力が湧くというのは、はじまりにもどることの意味から説明できる。

私のはじまりというと、昭和三十二（一九五七）年四月の小学校入学だ。一学年百十二名の二クラス、この校舎で四年生まで過ごしたのだが、学校生活のことはかなりよくわかる。昨年、九十九歳で他界した父が、「永幸の足跡」と題する厚い大学ノート一冊に記録を残してくれたからだ。いま黄ばんだ紙面をめくりながら、よくこんなノートを思いつき、丹念に書き残してくれたものだと驚く。つくづくありがたいと思う。

ノートは、四月四日の入学式からはじまる。「祖父つれていく。清酒一升持参」とある。昭和十六年から戦後にかけて祖父は当校の校長だったから、先生方への慰労もあったのかもしれない。すぐ後の八日に「授業終わらぬうちに帰り、迎えにこられて又学校に行く」。恥ずかしい。私の家は学校の隣にあり、学校と家の区別がまだなかったのだろう。

四年生の七月二十九日には富並小創立記念の相撲大会とあり、「一対一で敗れ、勝ち抜き戦で九人に勝って一位となり、賞品のノート三冊もらう」と記す。私が負けたのは外務省に入って後にアゼルバイジャン大使となった高橋二雄君である。高橋君ら同級生とは東京の居酒屋で、黒っぽい木造校舎とグランドの一角にある土俵が話題になる。それは、紛れもなく私たちの原風景だ。

未来のために

時が移り、木造の建物は、いまは白い三階建ての立派な校舎になった。今年（二〇二四年）の入学者は二名で、全校生徒は二十四名である。来年度の入学予定者も二名とのこと。この数字を聞いた時、私は驚愕した。私の入学時の一クラス五十名余からはまったく想像できない。しかし、これは地方社会の至るところで起こっている現象だ。児童数減少の流れは止められない。実際に、令和九年度でこの小学校はなくなり、翌年度からは離れた新小学校への統合（中学校はすでに統合）が決まっているという。

それでは、私たちは子どもたちのために何ができるのだろうか。この地で暮らす人もいるだろう。だが、多くの人はいま小学校がある集落から巣立っていって、大人になってから私のように故郷を訪れることになるだろう。その時、目の前に広がっているのはどんな風景だろうか。校舎はまだ残っているだろうか。私たちができるとすれば、いまの子どもたちに原風景を感じ取ってもらうこと、自分のはじまりを知る機会を用意してあげることではないか。

二〇二二年十一月四日、富並小学校の生徒二十四名が、冒頭に書いたように、楯山で校歌をうたった。校舎に残った先生が、手を振っているのが見えた。白い校舎を中心に家々が広がる風景を眺めながら、子どもたちは「あっ、僕の家が見える」と言いながら、目に

全校遠足で楯山山頂から校舎を眺め、校歌をうたう。いつまでも忘れない自分たちの原風景になった（富並小学校提供）

焼き付けているように思えた。佐藤先生と教職員の皆さんが企画した、校舎を眺めて校歌をうたう遠足は、確実に子どもたちの心に原風景として刻まれたにちがいない。大人になっても今日のことは忘れないだろう。

私は案内者の言葉を求められ、子どもたちに伝えた。何か困った時、ちょっと悲しい時、うれしいことがあった時、ここに来て、いま君たちが学んでいる校舎を眺めてほしい。心が落ち着き、きっと力が湧いてくるはずだから、と。

なお、楯山山頂部は二〇二二年に地権者のご厚意で村山市に寄付され、史跡・富並楯として市の所有地になっている。

（令和六〈二〇二四〉年七月二十日）

Ⅵ　二〇二一年の世界と山形

1　遠野物語と私の民俗体験

明治四十三（一九一〇）年出版の『遠野物語』は、遠野村（岩手県遠野市）に伝えられた信仰や民間伝承の聞き書きである。遠野の人佐々木喜善が語るのを柳田国男が筆記した。当時、民間伝承の採集記録は珍しく、日本民俗学の誕生を告げる本となった。記録とは言え、その文章は簡潔にして味わい深く、時に現場にいるような迫真の響きさえもっている。と、新聞連載「日曜随想」第一回を『遠野物語』から始めたのは、自己紹介を兼ねて私の民俗体験をもとに地域文化の大切さを話題にしてみたいと思ったからだ。

この本に書かれた話では座敷ワラシがよく知られている。家に富貴を与える神だ。河童が馬に川から引き上げられたカッパ淵は、いまや遠野の観光名所になっている。山中で夫と離ればなれになった女が、ついに夫に会えずにオットーン（夫のこと）と鳴く鳥になってしまった話は、山の不思議を語っていて哀しい。馬を愛して夫婦になった娘が、父に殺された馬にすがって昇天し、蚕の神オシラサマになる話も哀れだ。神隠しの話も多く、中でも、行方知れずの娘が老女になって帰ってきて、親戚の人々に会った後、再び去って行く話は、「今でも風の騒がしき日には、けふはサムトの婆が帰つて来さうな日なり」の一文とともに印象的だ。この本には山村の怪異や不思議な出来事が実際に起こったこととして語られているのだ。

書き手の柳田はその序文に、山神山人の伝説を語って「平地人を戦慄《せんりつ》せしめよ」と書いている。平地の人々を恐れ驚かせよということの言葉は、近代に対する前近代を言っているように見えるが、遠野の村の物語に山人の世界を感じ取り、話のおもしろさに驚いた柳田の率直な表現だったのだろう。稲作中心の平地人を生きる柳田は、遠野の伝説世界に縄文文化につながるもう一つの日本を発見したのだと思う。

柳田が未知の民間伝承に驚嘆したのと違って、私は遠野の伝説世界に驚きというよりも親しみを感じた。この感じ方は少年時代の私の民俗体験に根ざしている。私が十歳まで住

富並は葉山にいだかれた集落。水などの恵みを与える大切な存在が葉山だ

んだのは、村山市富並にある龍蔵院《りゅうぞういん》という葉山修験の家だった。この家では毎年十二月にお行様《ぎょうさま》と呼ばれる村の男が十数人ほど泊まり込んで、朝と夜に葉山の神などの拝詞を唱える。その行事をお七日《なのか》と言っていた（本書、「龍蔵院お七日行事の記憶」）。行が終わると、自分たちで作ったけんちん汁（精進料理）でご飯を食べ、夜は大いろりのまわりで語り合うのである。例えば次のような話だ。

――雪交じりの風が吹く夜、突然ガタガタと戸が開き、一人の村人が頭から血を流して土間に倒れ込んだ。若いお行様が助け起こすと、「ドウデンボにやられた」

と言って男は気絶した。ドウデンボが何者なのか、誰も知らない。風雪が激しい夜は、よく不思議なことが起こったという。

このような話はいろり端で他にも聞いた気がする。話を聞き、私は想像をかき立てられた。山間の村から町場の小学校に転校した私は、自分が異質な文化の中で生きてきたことに気づく。異質な文化とは雪深い山里に語り継がれた世界であり、私にとって心の原風景であった。

私が『遠野物語』を読むきっかけは大学生の時の吉本隆明『共同幻想論』（河出書房新社、一九六八年）だった。吉本は村人の共同幻想を『遠野物語』を引用して説明した。同じ頃、三島由紀夫がこの民俗学の名著を文学として読んできたと新聞（「読売新聞」一九七〇年六月十二日）に書いているのを見て驚いた。また藤沢周平は、サムトの婆の話を取り上げて、『遠野物語』は人間の運命とは何かを考えさせ、文芸の力を秘めていると述べている（『ふるさとへ廻る六部は』新潮文庫、一九九五年）。柳田の文章は名立たる小説家をも「戦慄」させたのだ。

柳田はこの本で、日本が多様な文化から成り立つことを言いたかったにちがいない。山地と平地だけでなく、村ごとに、あるいは島ごとに特有の文化がある。地域それぞれの文化を認め合い、多様な考えを受け入れることが、地方の時代をつくっていく上であらためて求められる。『遠野物語』はそのことを示唆しているのである。

（令和四〈二〇二二〉年一月九日）

2　教室で声の授業が聴きたい

昨年（二〇二一年）に続き、今年もコロナ禍の中の大学入試となった。受験生が全力を出し切って、無事終わることを願うばかりだ。

大学の授業がオンラインになったのは昨年度（二〇二〇年度）からだ。一昨年（二〇二〇年）の入試が終わった頃、急に未知の新型感染症やらパンデミックやらと騒ぎだし、私が勤務する大学では全面オンライン授業を決定、システムの整備と学生への周知期間を経て、五月の連休明けから授業が始まったのだった。新入生にとっては説明会なし、教員との顔合わせなし、サークル勧誘という毎年恒例のキャンパス風景もなかった。

ひと口にオンライン授業と言っても、三通りのやり方がある。ズームを使ったリアルタイム型、ビデオに撮って配信するオンデマンド型、そして授業内容を文章化する資料提示型だ。受講する学生は全国にいるだけでなく、留学生は海外でパソコンと向き合っている。リアルタイム型は対面授業に近いが、通信環境や時差という不平等が起こる。後の二つには決められた時間内にいつでも見られるという利点はあるが、用意する教員の作業は膨大だ。

私は第三の資料提示型を採用した。授業の開始時刻に文章化した授業内容と課題を大学のシステムにアップロードし、受講者はそれを読んで、回答を返信するのである。授業内容と資料は話せば一時限百分の時間内で終わるのに、文章化すると四百字詰め原稿用紙二十五枚分を超えることもあった。それを読む学生の苦労は容易に推測できた。

資料提示型にした理由は、読むことが書くことを導くという持論を実践したかったからでもある。すぐれた文章に出会うと、自分もそんなふうに書きたいと思うものだ。私は学生時代、心酔していた国文学者の文章を読み、その余韻が残っているままリポートを書き始めていた。受講学生にも多種多様な考え方やすぐれた文章に出会い、自分も書いてみたいという思いを経験してほしかったのである。

オンライン授業の難点に気づかされることもあった。私は『万葉集』の挽歌を理解させるために井上靖『星と祭』、『源氏物語』『奥の細道』の入門編として丸谷才一『輝く日の宮』を取り上げた。両小説は古典を題材とする現代文学の傑作だと言っていい。授業ではいきなり丸谷の作品に入るのではなく、丸谷に会った時の私の体験談から始めることにしていた。

学生の頃の話だ。図書館で本を読んでいると、隣に独り言を連発する年配の人がいた。「こんな記述があったのか」「あった、これはいい」というような言葉だ。あまりにうるさいので、横を向いて「静かに」と大声で注意しようとしたら、その人はなんと、大活躍中の丸谷だった。私は慌てて言葉をのみ込んだと話すと、学生たちは「えっ、ホント」と驚いた顔をし、そして笑う。教室での授業ならすかさず、「その頃丸谷は『後鳥羽院』を書いていたんだ。彼の長編は傑作揃いだが、特に『輝く日の宮』は……」と、本題に入っていく段取りだ。しかし、パソコンの画面ではこのような互いに表情を見ながらの呼吸が生まれない。私が心がけてきた、学生を驚かす授業ができないのだ。

結局、最後までパソコン画面を相手にするもどかしさがつきまとった。複数科目の授業の準備は毎週過酷だったが、しばらくすると、課題の最後に受講者がさかんに質問を書いてよこすようになった。自宅で授業を受ける辛さや先の見えない不安を率直に書く人も出てきた。それは教員の側も同じ気持ちだ。学生が送ってよこす課題を読み、それにコメントを書くというキャッチボールがお互いのせめてもの慰めになった。私は一年間の苦闘の末に定年退職となった。

救命医療の最前線に立つ犬養楓の歌集『前線』には元気づけられた。私も苦闘を詠んで残しておきたいと思った。必ず来るコロナ後の時代のために。

「教室で声の授業が聴きたい」と　課題に添へし小書きの一文

（令和四〈二〇二二〉年二月十三日）

3　人生導いた二人の恩師

卒業式の季節だ。そこには恩師との別れと新しい門出がある。コロナ禍の中で、恩師や友人との別れは十分にできただろうか。

恩師との出会いは自分の人生を切り開くきっかけともなる。私が日本古代文学や民俗学の研究を一生の仕事に決めたのは、大学院の頃ですでに二十歳代の半ばになっていた。研究の道に導いてくれたのは、いまは亡き二人の恩師だった。

大学院では毎年、民俗調査をした。口伝えの昔話・伝説・民謡などを口承文芸というが、最初の恩師、臼田甚五郎先生は日本古典文学を研究し、口承文芸では日本を代表する学者だった。しかし、私は研究や調査方法を教わった記憶がない。いろり端で古老に問いかけ、驚いたように相づちを打つ恩師を後ろから見ていた。しばらくして論文になったのを読んで、相づちの意味を知った。後ろ姿を見て学んだのである。

大学院生になった年の夏、宮城県の調査に参加した。大学教員になった恩師の弟子たちも来て、昼は民俗、夜は塩釜神社で文献の調査をした。写本の記録をとる作業は夜遅くまで及んだ。先輩たちのやり方を見るのは何よりの学びになった。全員で大部屋に寝た。寝静まった頃、出入り口近くに寝ていた私は、「居駒、トイレに行こう」という声に起こされた。恩師はひとりでトイレに行くのが怖かったのだ。暗い回廊を一緒に歩いた。近寄りがたい恩師が急に近くなった。

恩師は晩年、半身不随になり失明の生活を送った。お中元のあいさつに行くと、長文の資料を音読させられた。疲れて少し読み間違えると、「そこ、違う」と指摘される。なぜわかるのかと驚いた。学問への向き合い方には鬼気迫るものがあった。恩師にほめられることはなかったが、私が五十歳を過ぎて最初の研究書で文学博士を授与された時、はじめて「頑張ったな」とほめてくれた。「これからだぞ」という激励の言葉とともに。

もう一人の恩師、大久間喜一郎先生は『古事記』『万葉集』の学者で、私の専門分野の指導教授だった。最初の授業で徹底的に討論をするよう求め、恩師への反論も課した。旧来の師弟関係ではなく、研究者として対等の関係を重視する、当時としては型破りの授業だった。「あらゆる方法を使って課題を解明しなさい」という教えは、とかく偏った見方に陥りがちな私たち若手研究者の自戒の言葉となった。

授業では『日本書紀』の歌を調べて各自報告をした。一人一首担当するのだが、一回の授業で終わることはまずない。一首の歌を一ヶ月以上抱える人もいた。問題点はとことん掘り下げられ、教室での報告がそのまま学会発表になるほどだった。討論の厳しさから「鬼の授業」と評された。研究では結論を得るために妥協するなと恩師は教えたかったに違いない。

私は大学院を出てからも高校教員をしながら授業に参加していた。しばらくして山形の羽陽学園短大に就職が決まった。東京を離れるのは研究環境から遠ざかることにもなる。悩んでいる時に恩師は、どこでも、どんな場でも研究はできると励ましてくれた。あの過酷な討論の場を経験した私は、その言葉に勇気を与えられた。

山形では仙台の研究者たちと共同で『万葉集』の研究に励んだ。早速、恩師に論文を送ると、「読みごたえのある好論文」と、力づける返事が届いた。その時、はっと思い出した。私が山形に赴任する送別会で、恩師がそっと手渡した細長い紙包みのことをすっかり忘れていたのだ。それは自作の短歌を墨書した短冊だった。歌には教え子を勇気づけながらも、遠く離れていくことへの寂しさが詠まれていた。ありがたいとしみじみ思った。

その後、私は恩師の後任として明治大学に移り、定年退職して山形にもどった。二人の恩師はいまも研究人生の目標であり続けている。あの短冊は玄関に大切に掛けてある。

わかき日は　瞳を挙げて　ゆくべしと　言ひつゝも吾れを　寂しみて思ふ

〈令和四〈二〇二二〉年三月二十日〉

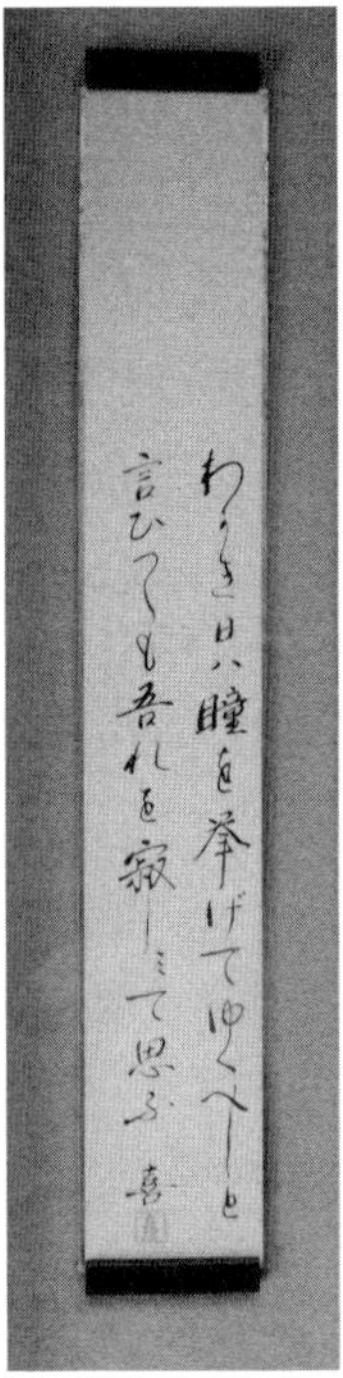

大久間先生の短歌短冊。教え子への深い思いが伝わる

4　ネフスキーの研究と平和

ロシアによるウクライナへの軍事侵攻は、連日その凄惨な映像によって国際社会を震撼させている。この二十一世紀に本当に起こっていることなのか、とわが目を疑い、心が痛む。ウクライナの人々の悲しみに寄り添い、思いやることしかできない厳しい現実がある。私にはどちらの国にも知人はいないけれども、すぐに思い浮かぶロシア人の学者がいる。その人の名はニコライ・ネフスキー。大正四（一九一五）年、二十三歳で来日し、十五年間滞在して東北や沖縄の言語（方言）・民俗の研究をした。

彼は来日してすぐに柳田国男と折口信夫という民俗学の二大学者と親交を結び、柳田の著書『遠野物語』に出てくるオシラ様の調査をしている。それは東北の家の神・養蚕の神、あるいは巫女《みこ》が神おろしに使う道具で、東北の特異な信仰を示すものだ。彼は山形県でこれをオクナイ様と呼ぶことに注目し、東北北部と南部で呼称や信仰に違いがあることをはじめて報告した。

その探究心は沖縄にも向けられ、沖縄方言が本土と同じ言葉の変化だと早くに指摘した。言語学者としての天才的な能力は、宮古島のアヤゴ（綾語）という長い歌を採集した『宮古のフォークロア』（砂子屋書房、一九九八年）によく表れている。当時、日本では考えられなかったアルファベットの国際音声記号でも表記し、方言の発音を正確に記録したのだ。ロシア語で書かれたが、後に日本語の翻訳本が出て貴重な研究資料になっている。

彼は宮古島を三度訪問し、『月と不死』（平凡社、一九七一年）という日本語の論文を発表している。その論文名は、お月様が地上に使者を遣わして、人間に長命の変若水《しりみず》、蛇に短命の死水《しにみず》を浴びせるよう命じたが、誤って逆にしたため、人間は短命、蛇は脱皮して長命になったという話による。この話は人間の生と死が月の神によって決められることを教えている。月の伝説から古代日本の月に関する観念を解き明かしたのだ。

彼はさらに虹の語が蛇に関係することを発見する。宮古島の人たちは蛇をティンバウと

宮古島のネフスキー像。像が立つ道をネフスキー通りと呼ぶ

呼ぶ。宮古方言ではハ行が濁音化するから、バウはハウ（這《は》う＝蛇）だ。虹は天の蛇と理解されていた。その語源説はネフスキーが最初に提唱した。

　私は虹＝天の蛇を知って驚いた。実は、『万葉集』に虹を詠む歌が東歌《あずまうた》（いまの関東地方の歌）の一首しかない。美しい虹なのになぜ、と思うが、その理由は虹が天の蛇という神の姿を表すからだと考えられる。万葉歌には詠んではいけないものがある。例えば、死を悼み悲しむ挽歌《ばんか》に「死ぬ」という語は使わない。それを敬避表現という。神の姿も歌には詠まないルールがあって、それで虹は敬避表現になったと説明できる。例外の一首は東国方言で詠まれた歌だから、都の歌のルールから自由だったのだ。このように虹＝天の蛇は万葉歌の解読にもつながる。

　ネフスキーの功績について柳田は「日本人もまだ手を付けなかった宮古島の言語の研

究」と評価し、折口はその人間性を「日本人の細かい感情の隈《くま》まで知った異人」と称《たた》えた。研究を続けていれば、日本人がなし得なかった多くの成果が積み上げられただろう。ところが彼は昭和四（一九二九）年に単身帰国し、あとを追って日本人のイソ夫人と娘ネリさんもソ連に渡航したが、昭和十二（一九三七）年にスターリン大粛清の中で夫妻は処刑される。その後、昭和三十二年に名誉回復、昭和三十七年にレーニン賞が授与された。いま宮古島市の市街地に顕彰碑が建ち、古い坂道にはネフスキー通りの名がある。

ネフスキーの研究とその生涯を振り返り、あらためて「研究は戦争を止められないのか」と考えてみる。これはロシア政治の専門家、慶応大の廣瀬陽子教授の問いかけだ。戦争は止められなかったが、「研究が果たせる役割はゼロではないはずだ」と言う。私もそう思う。研究は互いの国の文化を理解し、信頼を築くための大きな力になると確信しているからだ。

（令和四〈二〇二二〉年四月十七日）

5　平和への願いと短歌

二〇二二年五月十五日に上山市で生誕一四〇年斎藤茂吉記念全国大会があった。この記念の年に斎藤茂吉短歌文学賞を受賞したのは、昨年、文化勲章を受章された岡野弘彦先生（國學院大學名誉教授）だった。受賞作品は『岡野弘彦全歌集』（二〇二一年）で、選考委員長から既刊の歌集を再録した『全歌集』は選考の対象外だが、歌集として出版されていない未刊歌が三三〇〇余首もあり、群を抜くその質と量で、全員一致で受賞が決まったと説明があった。未刊の短歌が全体の四割で、しかも秀作ばかりとは驚く。

私は五十年前に國學院大學で先生の新古今和歌集の授業を受講した。先生はメモも持たず、決して能弁とは言えない口調で、言葉を選びながら丁寧に授業を進めた。その話し方は九十七歳のいまも変わっていなかった。受賞の言葉は、いつもの丁寧な口調で、「わが短歌人生」とでも題すべき、さながら講演のような話になった。

先生は作歌の原点に自身の生い立ちも含め、戦争の体験と師、折口信夫との出会いを挙げた。昭和二十年、陸軍の一将校として九州の西の果てに待機し（年譜をみると記憶違いがあるかもしれない）、外地に行く間際で終戦になった。伊勢の山奥の、三十五代を継ぐべき神官の家を捨てて大学にもどった先生は、恩師折口の家で八年間生活をともにして古典研究と短歌を学んだ。折口は大正から昭和にかけて、民俗学を生かした日本文学の研究で知られる学者で、釈迢空の筆名をもつ歌人でもあった。先生は、折口の身の回りの世話をし、口述筆記をしながら師の考えを身につけていった。

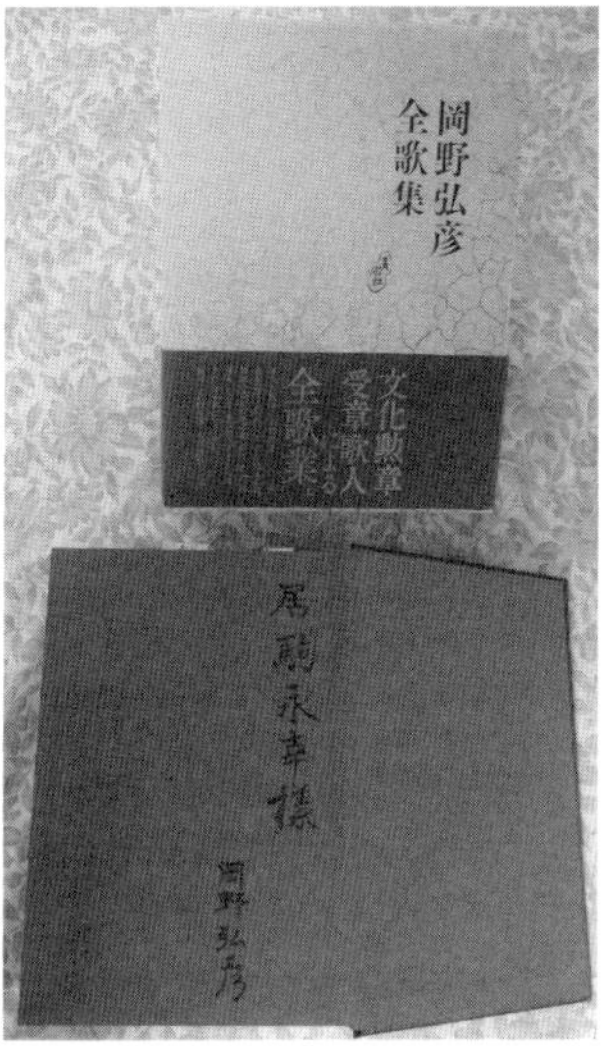

『岡野弘彦全歌集』。先生の丁寧な署名は人柄そのもの

先生は最後にこのように結んだ。

――折口先生との生活の中で短歌の道へと導かれた。短歌が私の生活、一生

を支えてくれた。短歌は日本人の魂の表現であることがわかってきた。いまは老いの身にしみついた調べとして歌い続けている、と。七十年余の学問と短歌創作を経て出てくる言葉、その精神性は、おごそかな気分さえ漂わせていた。

私は、先生の話を聞きながら、平和の願いと短歌ということを考えていた。先生の短歌は戦争の体験を詠む宿命を背負い、平和への強い意志で貫かれている。

またひとり　顔なき男　あらはれて　暗き踊りの　輪をひろげゆく

は、第二歌集『滄浪歌《そうろうか》』（一九七二年）に載る先生の代表作で、盆踊りの輪に加わる祖先の霊という民俗学的観点から詠んだ歌だ。広くそのように評価されているが、村の祭りに帰って来た、戦死した若者の霊への鎮魂に重点がおかれていると、あらためて強く思った。

先生は学友と特攻隊を志願する約束をしたが、それを知った父に徹夜で説得され、勘当するとまで言われて取り止める。学友は約束を果たして戦死し、先生は生き残った。その負い目を、

辛《から》くして　我が生き得しは　彼等より　狡猾《こうかつ》なりし　故にあらじか

と第一歌集『冬の家族』（一九六七年）の歌に詠んでいる。自分をずるがしこいから生き残ったと責める。生涯この責めを短歌に詠み、平和な時代を厳しく求めたのだ。それは「春蝉のぬけがら小さし特攻機」の句に合わせた、

わが長き　戦後をかけて　祈りきぬ。鎮まりがたき　若き魂

という歌（「わが永き　ながき戦後」『短歌』二〇一二年九月）に激しく詠まれている。戦死者の鎮魂と平和の願いこそが先生の短歌の支えだったのだ。

実は、私の父は先生より一歳上で、山形師範学校を繰り上げ卒業、一旦教員になった後に招集されて仙台の士官学校に入った。仙台空襲に遭い、塹壕《ざんごう》の中にいた多くの学友が戦死した。自分は助かり、外地に行く直前に終戦となった。教員にもどって定年退職した後、

書道に打ち込み、ある時、墨書した短歌を額に入れて書斎に掛けた。平和の願いを背負って戦後を生き、たたかう作者自身を詠んだその歌に自分を重ねていたのだと思う。今年、『岡野弘彦全歌集』の平成十四年の未刊歌にそれを見つけて、岡野先生の短歌であることをはじめて知った。

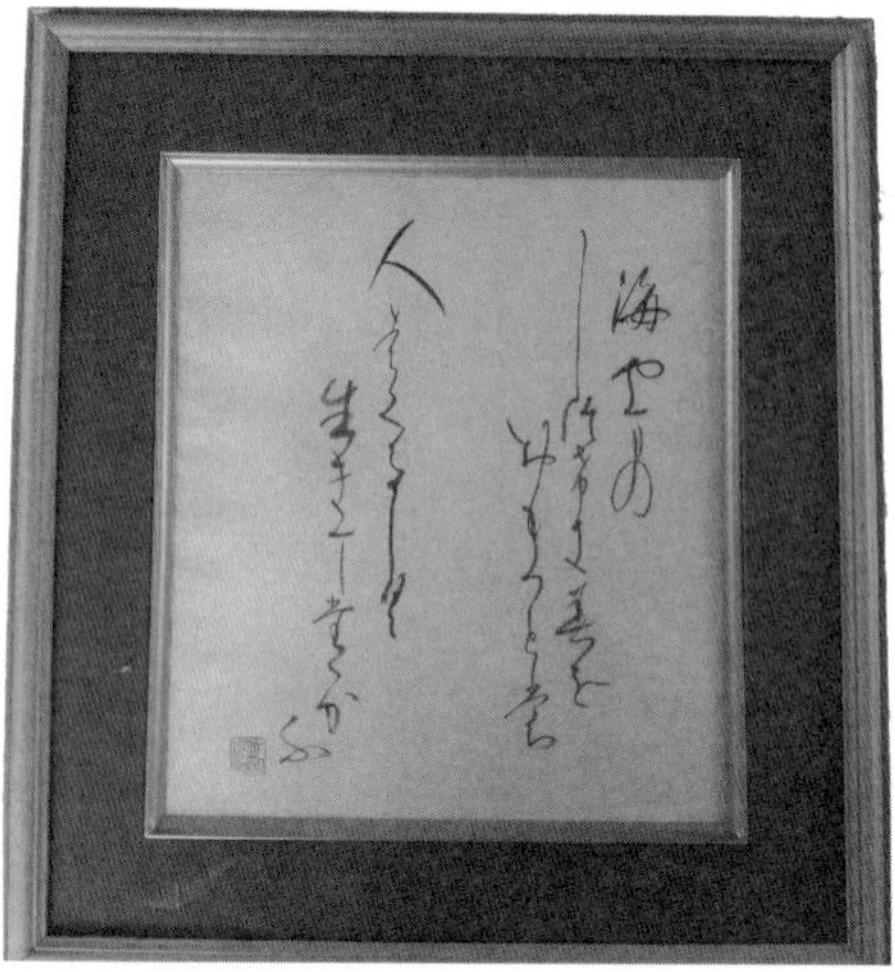
父が揮毫した岡野先生の短歌。戦争の痛みが伝わってくる

海やまの　しづけき春を　思へども
　人はくるしく　生きてたたかふ
（令和四〈二〇二二〉年五月二十三日）

6　小学生に万葉集の授業

四年前、小学生に『万葉集』の授業をした。村山市にある富並小学校の高嶋敏春校長（当時）から、新元号「令和」にちなんで『万葉集』の話をしてほしいと依頼がきたのだ。四〜六年生の三十余名が対象だという。その時、「えっ、万葉集ですか」と聞き返したが、私が四年生まで学んだ母校なので、二つ返事で引き受けた。

次は、後日送られてきた生徒たちの感想の一部。（歌の表記は現代仮名遣い。〈〉の数字は学年）

・「初春の令月《れいげつ》にして、気《き》よく風和《やわら》ぐ」から「令和」ができたと知り、家族にも話した

ら、「そういうことか」と言っていました。「令和」の時代は平和でみんなが笑顔になってほしいです。〈4〉

・万葉集の歌が四五一六首もあって、「令和」が万葉集からとっていたことにびっくりしました。私のお気に入りの歌は、

わが園《その》に　梅の花ちる　ひさかたの　天《あめ》より雪の　ながれくるかも

（5・八二二、大伴旅人）

です。庭に梅の花がちっているところから、きれいな庭が想像できるからです。〈5〉

・私は、

いわばしる　たるみの上の　さわらびの　もえいずる春に　なりにけるかも

（8・一四一八、志貴皇子）

がとても美しい歌だなと思いました。恋の歌も多いと教わったので、読んでみたいです。〈6〉

授業風景。万葉歌を大きな声で読んで、すぐに歌の世界に入っていく（富並小学校提供）

・今から一三〇〇年前に日本の心をうたった最初の和歌集が万葉集だと知って驚きました。万葉集に興味をもったので、読んでみたいです。〈6〉

どう教えればよいかと不安だったが、生徒たちのやわらかく、鋭い受け止め方に、むしろ私の方が教えられ、感動さえしたのだった。たとえば「令和」が「令」と「和」を組み合わせた新造語だと理解し、平和で笑顔の時代になってほしいと意味づけをする。すばらしい。梅の花が散る表現から「きれいな庭が想像できる」という。こまやかな感性だ。「さわらびのもえいずる春」を美しい歌だという。歌の言葉を澄んだ目で感じとっている。たくさんの「驚いた」「興味をもった」「読んでみたい」の声がうれしかった。

私が教えたこと以上に生徒は理解し、私が予想もしない反応を示した。その一つが四五一六首という歌数だ。何人もがその多さにびっくりしたと書いた。私はこの歌数に疑問をもったことがなかった。しかし考えてみれば、平安時代の「古今集」の四倍以上だから、確かに多い。もし授業の場で質問されたら、私は正確に答えられなかったと後になって冷や汗をかいた。『万葉集』を書き残した大伴家持《やかもち》がおよそ一三〇年の長い期間の和歌から選んだのでこんなに多くなったと答えたとは思うが、家持筆の『万葉集』は存在せず、どのようにしてできたのか、詳細は今もって謎なのだ。子どもたちの驚き、畏るべし。

私は歌の解釈も大切だが、言葉の調べを感じとることが大事だと言いたかった。そこで〈わが園に〉〈いわばしる〉の歌の他に、

近江《おうみ》の海　夕波千鳥《ゆうなみちどり》　汝《な》がなけば　心もしのに　いにしえおもほゆ

（1・二六六、柿本人麻呂）

も加えて、みんなで声に出して読んだ。上《かみ》三句と下《しも》二句に区切って私が先に読み、生徒が後に続くというように。大丈夫かなとゆっくり読んだが、生徒たちは大きな声で流れるように読むではないか。もう一回読んでみようというと、ますます調子をそろえて気持ちよく読む。名歌は調べがいい。私は改めて生徒たちから学んだ。

授業をするに当って、『万葉集』の和歌は約一三〇〇年ものあいだ人々にずっと読まれてきて現代の短歌がある、ということを伝えたいと考えていた。そこで最後に、斎藤茂吉の、

最上川　逆白波《さかしらなみ》の　たつまでに　ふぶくゆうべと　なりにけるかも　（『白き山』）

を声を合わせて読んだ。はるか昔の歌と結句「なりにけるかも」が同じだと気づいてほしかったからだ。ところが、生徒にはそんな時代による違いとか共通性などどうでもよく、やすやすとそれを乗り越えて、親しみをこめてこう書いた。「この歌が一番いいな」「とな

り町の大石田で作ったことにおどろいた」「この歌が心に残った。大石田町にお母さんが住んでいたからです」。これで十分だ。

（令和四〈二〇二二〉年六月二十七日）

7　国際交流への第一歩

二十八年も前のことだが、家族で一年間英国のロンドンに滞在した。初めての外国暮らしで、言葉も習慣もわからず、四月からの三ヶ月間は失敗と苦労の連続だった。

失敗談の一つ。初めてレストランに入った時のこと、メニューを見てもどんな料理かイメージできない。仕方なく、コース料理の他に、生野菜サラダのつもりでベジタブルを人数分注文した。出てきたのを見て驚愕《きょうがく》、なんと大皿に山盛りのゆでたジャガイモやカリフラワー。ベジタブルは温野菜だったのだ。半分も食べきれず、だまされたような思いに、長女いわく、「いっぱい食わされたね」。

一番の悩みは、八月に十一歳になる小学校五年の次女だった。英国の教育制度ではこの歳の九月から中学校に進学することになる。できれば、帰国する翌年三月まで同じ小学校に通わせたかった。英国に住む知人が教育委員会と校長にかけ合ってくれて、下の学年で一年間の通学が許された。

次女のクラスはインド人がもっとも多く、次に英国人、アフリカやイスラム圏の他、マレーシア人の児童もいた。日本人は次女ひとりだった。学校を訪ねると、背の高い、足ながおじさんのような校長が校舎を案内し、ホールに飾った様々な国の絵と英語・アラビア語・中国語で書いた児童自作の物語を見せてくれた。日本語のものもあった。児童それぞれが持っている多様な文化と複雑な民族的背景を尊重し、教育に生かしていた。

少し慣れてきた七月頃から、家族で田舎祭りをよく見に出かけた。十一年後の滞在時も含めて二十ヶ所近く見た。ある時、妻と一緒に英国南海岸近くの小村に花輪祭りを見に行った。小学生が色とりどりの花で飾った花輪を持って家々を回る祭りだ。日本人の見学者を珍しく思ったのか、現地の人が話しかけてきた。私が日英の民俗を比較していることや日本にも子どもたちが家回りをする行事があるというと、とても驚いた様子だった。このような英国の田舎祭り見聞記は、『イギリス祭り紀行』(冨山房インターナショナル、二〇一一年）という本になった。

さて、次女はたくさんの友だちに囲まれて伸び伸びと学校生活を過ごした。帰国が間近に迫った三月末、担任の先生から手紙が来た。授業で日本を取り上げたいので協力してほしいという。妻は知り合いから浴衣と下駄を借り、私は筆と半紙を用意して教室に行った。児童たちは服の上に浴衣を着て靴下のまま下駄をはいた。変な格好だが、みんな大喜びだ。

習字では私が各自の名前を平がなで墨書し、それを手本に全員が自分の名を毛筆で書いた。下から上に書く子もいたが、筆を持つまなざしは驚くほど真剣だ。この小学校の児童には、他国の文化に敬意をはらい、理解しようとする気持ちが身についていた。同時に、日本の文化を教えた私たちへの尊敬と感謝も感じられた。ところで、次女とクラスメートの別れはどうなったか。それは前掲の本に書いたので、そちらに譲る。

自分の国の文化をきちんと説明できる人に敬意を示すのは、英国人だけでなく、外国では共通していると思う。日本文化と大げさに考えなくても、自分が住む町の魅力を話せば、きっと関心を向けてくれるはずだ。互いのアイデンティティ（文化的背景）を理解することで、親しみと信頼を持つことができる。それは語学の学習以前に大切なことだ。

外国の生活を知ることは国際交流の基本。浴衣と下駄も一役買った

昨年、NHK・Eテレの「知恵泉《ちえいず》」で、世界で活躍するファッションモデルの冨永愛さんが、印象的な体験を語っていた。世界から集まる十代のモデルたちが自分の出身地を話題にするのを聞いて、自分は生まれ育った町のことを何も知らないと恥ずかしい思いをしたというのだ。出身地の話は自分のアイデンティティの説明と言えよう。

美しい花の公園、石垣が残る城跡、遠くに見える雪光る山々などなど、わが町を話題にできるようにしよう。それが国際交流に必要な第一歩だと私は思うのだ。

〈令和四〈二〇二二〉年八月七日〉

8　社会貢献、めぐりめぐって

八月三十一日の「山形新聞」に、京セラの創業者である稲盛和夫さん死去の記事が載った。業績は日本航空再建や京都賞創設くらいしか知らなかったが、見出しの「社会貢献の経営哲学」に目がとまった。利益追求を目的とする企業にとって、社会貢献は利益に相反するのではないか。しかしよく考えてみると、社会とともに企業が成長するのは理想の姿だし、信頼される企業イメージを創り出せる。社会貢献は究極の経営哲学なのかもしれない。

私が大学教員になった一九八〇年代、大学の使命は研究と教育に加えて社会貢献だと言われ始めていた。研究室と教室を往復するだけの教員など、もってのほかというわけだ。

何気ない言葉も聞き漏らすまいと真剣なゼミ生

若輩者の私は、悩み抜いた末に、大学院生の頃、指導教授のもとで経験した民俗調査を思いついた。協力者の人脈がある山形県で、ゼミ学生と一緒に毎年、民俗調査をし始めた。調査結果は卒業論文集として一冊の報告書にまとめた。

ずいぶん前に、山寺の磐司祭《ばんじさい》を調査したことがあった。学生数人と山形市下東山の石山孫六さん宅を訪ねた。とても気さくで学生に優しく、聞き取りの中で、秘蔵の獅子踊り巻物があると明かした。中を見ると目がつぶれるとの言い伝えがあって、まだ誰も見たことがないという。でも、卒論を書くのなら、隣の部屋でふすまを閉めて見てもいいとのこと。手を震わせながら写真を撮った。夜のミーティングでゼミ長が「先生が一番興奮してましたけどね」とひと言。私も指導教授のひたむきな姿を見て、民俗学の魅力に惹《ひ》かれたことを思い出した。ちなみに、目は何ともなかった。

私は日頃、ゼミで調査の心得を三点話していた。第一は〈生活の中に息づくリアルな言葉を見逃すな〉。遊佐町で杉沢比山《ひやま》番楽（山伏神楽の一種）を調査した時のこと、聞き取りをしていると、比山連中代表（当時）の渡辺寛さんが何気なく「カタマリってあるんですのう」と言った。練習開始日に、子どもはジュース、大人は酒を飲んで心を一つに固める集まりのことらしい。私はすかさず「リアルな言葉だよ」と言い、学生は慌ててメモした。民俗学は伝承語を記録する学問でもある。

第二は〈頭で考えるな。歩き回って足で考えよ〉。現場での実感を大切に、という意味だが、中には猛者《もさ》も現れる。遊佐町蕨岡で八月に調査合宿をした時のことだ。九月に授業が始まっても、一人の学生がまだ聞き取りを続けていて東京にもどってこない。心配になって学生に会いに行くと、「先生、案内します」と言って共同墓地に連れて行ってくれた。たくさんの墓石を見て息をのんだ。すべてが鳥海山の山頂に向かって立っていた。村の人たちにとって鳥海山は魂の還《かえ》って行く処《ところ》だったのだ。「君、どうしてこれを知ったのか」というと、「村の人から話を聞いて見つけました」と淡々と答えた。彼は原稿用紙九百枚分の卒論を提出した。私は彼から多くを学んだ。

県内の調査報告書は二十三冊（県立図書館に寄贈）になる。完成した後、協力者や行政機関に持参すると、みんな喜んでくれた。しかし、話を聞いた方で、一週間前に亡くなったという人もいた。悲しみとともに、聞き書き資料の貴重さを思わずにはいられなかった。ゼミ学生が記録したおかげで、消失する民俗を残せたのだから。

第三は〈聞き取りは聞くことではない。引き出すことだ〉。引き出すために学生たちは懸命に準備した。教室の授業の何倍も民俗調査で学んだし、地元に形にして残せたのがうれしい、と学生たちは言った。それを聞いて、研究と教育と社会貢献はそれぞれ独立する三本の柱だという考えを改めた。実はそれらは強くつながっていて、三本の柱を回るように相互に関連しながら発展していくということなのだ。

冒頭の「社会貢献の経営哲学」は、社会貢献や企業経営、さらには研究・芸術もみんなつながって円環しながら成長していくということではないか。そうであれば、大学の目指すところとも深く重なってくるのである。

（令和四〈二〇二二〉年九月十一日）

9　万葉集の歌は美しい

先日、村山市の万葉講座で『万葉集』をどう読むかという話題を取り上げた。二〇二二年に出版された岩波新書の大谷雅夫著『万葉集に出会う』がきっかけだ。この本では、私たちが親しんできた二首の名歌が、万葉時代には違った読み方をしていたと述べている。

石走《いはばし》る　垂水《たるみ》の上《うへ》の　さわらびの　萌《も》え出《い》づる春《はる》に　なりにけるかも

〈本文〉石激　垂見之上乃　左和良妣乃　毛要出春尓　成来鴨

（8・一四一八、志貴皇子）

『万葉集』の歌はすべて漢字で書かれていて、初句の「石ばしる」の本文は「石激《イハソソク》」となっている。写本ではそう読まれているのだから、万葉時代では「石そそく」だったという。「そそく」は水が岩の上に落ちかかる意だ。ところが、江戸時代の万葉学者、賀茂真淵は、水が岩の上を勢いよく流れゆく様の「石ばしる」がいいとした。現在はその読み方で親しまれている。

私は講座の人たちに、万葉時代は「石そそく」で読んだらしいと説明した。その瞬間、戸惑ったようだった。中学・高校の教科書で習った読み方が違うなんていまさら言われても、という表情に見えた。岩に落ちかかる水と岩肌を勢いよく流れる水では風景がずいぶん違う。どちらが正しいのか。

『万葉集』の読み方には二つある。第一は歌が詠まれた時の意味や作者の意図を探求する立場。『万葉集に出会う』はこの立場だ。第二は文学として味わい鑑賞する立場。『万葉集』は一三〇〇年にわたって時代に合った読み方が行なわれ、自由な理解や鑑賞によって楽しまれてきた。「石激る《いはばしる》」と読み、「細かい顫動《せんどう》を伴いつつ荘重なる一首」とこの歌を評した斎藤茂吉著『万葉秀歌』（岩波新書、一九三八年）は第二の立場だ。「石そそく」「石ばしる」のどちらをとるか、それは読者の読み方に委ねられる。

それではあなたはどちらで読むのか、と質問されるだろうなあと思いながら、ふと見渡すと、一人の中学生が母親とともに聴いていた。四年前、富並小で私の授業を受け、「さわらび」の歌を「美しい歌だ」と書いた女子児童だった（本書一六五頁、「小学生に万葉集の授業」）。「美しい」という感想はとても新鮮で、強く記憶に残っていた。

「美しい」の理由を考えてみた。小説家の司馬遼太郎は、この歌に「原初のあかるさ」を読み取っている。私はそれに深く共感する。『古事記』の創世神話では、幼い大地から葦の芽のように萌えあがる、生き生きとしたモノ（生命力）が創世神に成ったと書く。それと同様に、「さわらび」は万物が生まれ出づる春の生命力の象徴なのだ。「さ」は神聖の意で、ただの「わらび」ではない。この歌は原初の風景の美しさを詠んでいる。原初の力強い生命力には「石ばしる」こそがふさわしい。

東《ひむがし》の　野《の》にかぎろひの　立つ見えて　かへり見すれば　月傾《かたぶ》きぬ
〈本文〉東　野炎　立所見而　反見為者　月西渡　（1・四八、柿本人麻呂）

安騎野の人麻呂像。人麻呂が狩りをする安騎野で早朝見たものは何か

これも中学・高校で多くの人が学ぶ名歌だ。第二句の本文「野炎」は万葉時代に「野らにけぶりの」と読んだと前掲書は言う。講座でその読み方を紹介すると、案の定、とても承服できないというような反応が返ってきた。確かに「かぎろひ（陽炎）」と「けぶり（煙）」では風景がまったく違うし、「けぶり」からは言葉の響きの美しさが伝わってこない。

この歌は長歌に添えられた反歌四首のうちの一首で、亡き草壁皇子の子、軽皇子（後の文武天皇）が宇陀の安騎野（奈良県宇陀市）で狩りをする場面を詠んでいる。「炎」は「かぎろひ」とも「けぶり」とも読む。ただ、「かぎろひの」には「も（燃）ゆ」が続き、「立つ」はつかないという。そこで、皇子は立ちのぼる煙を見て狩りに出立しようとし、振り返ると月が西に傾いていた、その瞬間を人麻呂は詠んだと解釈する。

確かに、それもすぐれた理解だ。しかし、「けぶり」と読んでこの歌が失ったものも大きい。それは「かぎろひ」を伴って現れるはずの朝日だ。この歌は東の空に出現する太陽に軽皇子を、西に沈みゆく月にいまは亡き父、草壁皇子を重ねたと読み取れる。日の出の瞬間は原初の風景そのものだ。

万葉集の歌は美しい。そこに原初の風景があるからだ。

（令和四〈二〇二二〉年十月十六日）

10　英国戴冠式の運命の石

英国の母と呼ばれたエリザベス女王が九月に亡くなった。享年九十六歳、在位七十年は驚異的だ。荘厳《そうごん》な国葬はまだ記憶に新しい。大英帝国の繁栄はとうに過ぎ去ったものの、依然として世界に君臨する英国の歴史と伝統をそれは示していた。

日本ではあまり話題にならなかったが、チャールズ国王の戴冠《たいかん》式が来年の五月六日にロンドンのウェストミンスター寺院で行われると発表された。戴冠式はエリザベス女王が即位した一九五三年六月以来のことで、その歴史は九百年以上になるという。新国王は十三世紀のイングランド王エドワード一世の時から使われてきた椅子に座り、十七世紀に作られた純金の聖エドワード王冠を頭に載《の》せ、晴れて英国王と認められる。

実はこの戴冠式の椅子、ただ物ではない。座板《ざいた》の下にひと抱えもある石がはめ込まれているのだ。私がそれを知ったのは、二十八年前にスコットランドのパースにあるスクーン宮殿を訪ねた時だ。小さな古い教会の前に「スクーンの石」のレプリカがあった。代々のスコットランド王がこの石の上で戴冠式を行ってきたことから「運命の石」とも呼ばれた。それはスコットランド王家の守護石だったのだ。この石との出会いは『イギリス祭り紀行』に書いたので、詳しくはそちらに譲る。

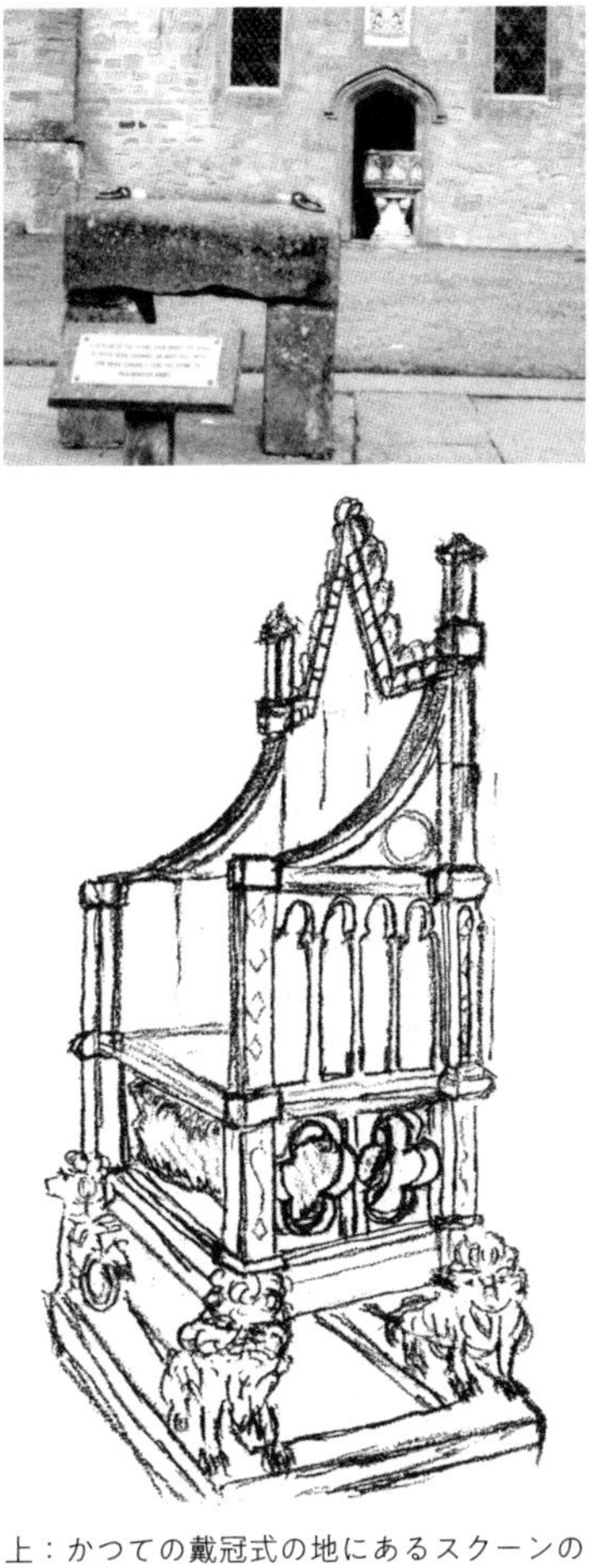

上：かつての戴冠式の地にあるスクーンの石のレプリカ。下：イングランド王に持ち去られた戴冠式の石とカシの木の椅子

スクーンの石は一二九六年にエドワード一世によってイングランドに持ち去られ、戴冠式用の椅子にはめ込まれた。以来、イングランド王はスクーンの石に座って即位するようになる。この石はイングランド王がスコットランドを支配する象徴になったのだ。しかし、支配された側にすれば屈辱だ。一九五〇年、安置されていたウェストミンスター寺院から何者かが石を持ち去る事件が起こる。程なくしてスコットランドの学生が運んだとわかり、元に戻された。

スクーンの石がまだウェストミンスター寺院にあった頃、私は何度か見に行ったことがある。一見何の変哲もないその石は、カシ材で作ったと思われる黒ずんだ荒削りの椅子にしっかりとはめ込まれていた。戴冠式の華麗な儀式には似つかわしくないとさえ感じた。石をはめ込む粗野な姿には、イングランドがスコットランドを征服し支配してきた歴史のはじまりが確かに刻印されていた。

ところが、一九九六年、この石はスコットランドに突然返還される。支配や分断の歴史を乗り越えようとする英国政府の英断だった。ただ、英国王の戴冠式の時には一時的にウェストミンスター寺院に戻されるという。私の最大の関心事は、チャールズ国王の戴冠式にスクーンの石をはめ込んだ椅子が実際に使われるのかどうか、だ。

英国王室にとってたかが石でないことは、映画「英国王のスピーチ」でよくわかる。言葉がうまく出ないジョージ六世（エリザベス女王の父）は、言語療法士ローグの献身的な治療によって障害を克服し、第二次世界大戦時に国民を一つにまとめる見事な演説をするというストーリーだが、その中で、即位をためらうジョージ六世が、「その椅子に座るな。スクーンの石だぞ」と苛立つ場面がある。この石は英国王の重圧そのものであり、イングランドによる征服という負の歴史をも背負ってきた。

スコットランドの運命の石は、現代英国の戴冠式にまで不思議な力を持つに至っている。宗教学者エリアーデの言葉を借りれば、運命の石に着座して英国王となる行為は『永遠回帰の神話』（堀一郎訳、未来社、一九六三年）にほかならない。古い社会では神々や祖先・英雄による「はじまり」の行為を毎年くり返す（回帰する）ことで、社会が新しい力を得る（更新する）のだと著書に述べている。この奥深い学説は私たちの身近なところにもあてはまるだろう。戴冠式の運命の石は「はじまり」への回帰という意味をもっていたのだ。

ところで、二十一世紀の英国は新しい「はじまり」を創り出すのだろうか。

（令和四〈二〇二二〉年十一月二十日）

【付記】

二〇二三年五月六日、チャールズ国王の戴冠式が夜のニュースで大写しになる。私が食い入るように見ていたのは、王冠ではなく、着座している椅子の方だ。座板の下にスクーンの石がはめこまれているかどうか、かたずをのんで注視していたのだ。

王冠を戴いた新国王が立って歩を前に進めた瞬間、斜めから撮影するカメラが、椅子の足のあいだにある白っぽい石をちらっと映した。ほんの一瞬だったが、黒みがかった粗野な椅子に、はっきりと運命の石が確認できた。「やはり、あった」と、賭けに勝ったような感動と満足感が心の中に押し寄せた。

「やはり」というのは、新しい椅子を使うのではないかと一方で思いつつ、この国は古き伝統を守るにちがいないと信じていたからだ。それがわかった時、歴史と伝統を重んずる英国の精神に敬愛の情さえ生まれた。英国は古い慣習と思想を簡単に変えたりしないというメッセージを、私は七十年ぶりに世界に披露した戴冠式から受け止めたのだった。

（令和六〈二〇二四〉年八月十四日）

11　西行が眺めた山形の桜

私の「日曜随想」はこれが最終回となる。最後は西行（一一一八～一一九〇）とはじめから決めていた。平安から鎌倉時代への激動期を生き、『新古今和歌集』に最多の九四首を載せる歌人だ。西行は二度奥州を訪れ、一度目は出羽国の滝の山まで足をのばす。滝の山は山形市の竜山（一三六二メートル）と見られ、その中腹に住む私は西行という人物と和歌にとりわけ親しみをもつようになった。

先月末、東京世田谷の五島美術館で西行展を見た。名品七十点余りが集結し、最新の研究による展示に圧倒された。現在、古筆（平安から鎌倉初期の仮名書きの和歌）では唯一の西行真筆《しんぴつ》とされる「一品経《いっぽんきょう》和歌《わか》懐紙《かいし》」（国宝）に釘づけになった。繊細で淀みない晩年の筆跡で、その書風には芯の通った、揺るぎない意志を感じた。それは西行の生き方そのものに違いない。

世を捨つる　人はまことに　捨つるかは　捨てぬ人こそ　捨つるなりけり

『西行法師集』

鳥羽院の北面に仕えた佐藤義清《のりきよ》は、二十三歳の時に突然出家して西行を名乗った。この歌は出家して間もない頃の作らしい。この世を捨てない人こそ身を捨てることになるのだ、と自分に言い聞かせるような詠みぶりだ。若者が官職を捨てるのに迷いがないはずはない。迷いを振り払う覚悟が歌に滲む。

西行は京都郊外の草庵でしばらく生活した後、みちのくへ修行に旅立つ。三十歳前後の頃だ。この旅の歌が西行の歌集『山家集《さんか》』の、歌枕（多くの和歌に詠まれる名所）を詠むひとまとまりの九首だ。十月十二日（旧暦）、平泉に着いた日は風雪が激しかった。見たかった衣川は「心も凍《し》みて冴《さ》えぞ渡る」と、荒涼たる風景として詠む。この地で冬を越し、東稲山《たばしね》の桜の歌を二首残している。

聞きもせず　束稲山の　桜花　吉野の外《ほか》に　かかるべしとは

と、全山に咲き誇る桜の名所が吉野以外にもあると知って喜びに浸る。二首目の、

奥《おく》になほ　人見ぬ花の　散らぬあれや　尋《だづ》ねを入らん　山ほととぎす

これはさらに奥山に人知れず咲く桜を探しに行こうとホトトギスに呼びかける歌。次の出羽の桜を予見していて驚く。

類《たぐ》ひなき　思ひ出羽《いでは》の　桜かな　薄紅《うすくれなゐ》の　花の匂《にほ》ひは

『山家集』

衣川の次にある歌だ。翌年の三月に出羽国に越え、滝の山という山寺で、薄紅の色の濃

い桜の花を寺の人々とめでて楽しんだと詞書《ことばがき》にある。格別の思い出となる出羽の桜は、見たこともない薄紅の色濃い花よと感嘆する。この歌が東稲山の二首目に呼応すると見る説に私も同感だ。滝の山の桜は出羽国の歌枕として詠まれている。

西行はしばらく滝山寺にこもって修行し、寺の人々と桜の花をめでた。人々とは誰か。『西行法師集』に、流罪になった奈良の僧と西行が中尊寺で会い、古都奈良の話をして涙する歌がある。滝山寺の人々も事情あって奈良から来た僧たちであろう。西行にはまだ見ぬ桜とともに出羽国で奈良の僧に会う目的があったことになる。

竜山はなぜ滝の山と呼ばれたのか。オオヤマザクラが咲く短い期間だけ、幾筋もの滝が山中に出現するのだ（本書四十四頁、「滝の山と薄紅の桜」）。雪解け水の滝だが、私は花見の滝と呼んでいる。山頂の直下、標高九五〇メートルに前滝・唐滝《からたき》があり、隣接する堂庭《どうにわ》という平場には慈覚大師護摩堂《じかくだいしごまどう》がある。そこには岩山を借景にした苑池跡らしき場所もある。近くに四角の岩に丸い岩が乗った擬宝珠《ぎぼし》岩、岩小屋などもある。滝行《たきぎょう》や山ごもりの空間だ。尾根を隔てた南側には御室《おむろ》や石橋《しゃっきょう》の修行場があり、その下の大滝には厳冬期に氷柱ができる。圧巻の景色だ。春になれば、西蔵王放牧場から堂庭のあいだが全山自生の

オオヤマザクラが咲くと、ひと時、西行が眺めた滝の山の色濃き花の世界になる

オオヤマザクラに覆われる。その一時期だけ竜山は西行が桜を見興《みきょう》じた滝の山になる。
平泉の束稲山から山形の滝の山へ、西行が吉野山に勝る桜を探し求めたみちのく修行の旅を、来年の春、竜山のオオヤマザクラを楽しみながら思い起こしてみてはどうだろうか。

（令和四〈二〇二二〉年十二月二十五日）

あとがき

本文中に、原風景をもつ人は幸せだと書いたが、ふるさとのことを書けるとはなんて幸せだろうと思う。書き終えたいま、思い浮かぶのは子どもたちや学生たちのことだ。その「未来」に対して私たちは何ができるだろうか、ということである。本書では、「ふるさと」とか「原風景」というのは心の還る処であって、時々それを思い出したり、そこを訪ねたりして自分のいまを確かめ、また未来に進んでいくことが大事だと、わが身を振り返って言いたかったのである。

本書で取り上げた村や町、そしてそこに住む人々については、そのひとつひとつの出来事、それぞれのシーンが思い浮かぶ。特にゼミの民俗調査でご協力をいただいた伝承者や教育委員会の方々には感謝の思いが強い。ゼミ生への親切な対応は忘れられないし、この方々なくして本書はできなかったと言ってよい。

「ふるさと・みちのくから考える」と言っても、私は自分を通してしか考えられないし、書けない。自分が学んだ母校の小学校でいま学んでいる子どもたちに、何を伝えたいかということなら書けるかもしれないと思った。それが本書の動機のひとつであることは確かだ。授業の後に送ってくれた感想には、私の方が大きな力をもらった。この時の力が今回の本作りに導いてくれたと言っても過言ではない。

本書を構成する文章の多くは「山形新聞」に掲載したものである。特にⅥの十一編は二〇二二年の「日曜随想」欄に毎月一回のペースで書いたエッセイである。この十一編には「歌」「祭り」「未来」が凝縮されており、本書の核となっている。論文を書くことが仕事の私に、エッセイ執筆の機会を与えてくださった本欄担当の鈴木雅史さんには本当に感謝している。

前著『イギリス祭り紀行』に続いて本書の出版を引き受けていただいた冨山房インターナショナルの坂本嘉廣会長、先生の思う通りにといつもあたたかく支えてくださる坂本喜杏社長には心から謝意を申し上げたい。私にとって幸運だったのは、編集担当が安仲祐子さんだったことである。担当が決まるとすぐに山形に足を運んで、著者とイメージを共有し、足りない部分を、やんわりと、しかし的確に指摘してくださった。四編の新稿はそのおかげである。本書はまさに安仲さんとの共同作業だったことを記して深くお礼を申し上げる次第である。

令和六年七月、ふるさとの葉山を眺めながら

著者識

初出一覧

Ⅰ　斎藤茂吉の本音

1　芭蕉になるのは大変だっす　『相聞』40、平成二十一〈二〇〇九〉年十二月
2　たしかに鸛だっす　『相聞』39、平成二十一〈二〇〇九〉年七月
3　斎藤茂吉と奈良　山形新聞夕刊、平成〈二〇一〇〉年十一月二十五日

Ⅱ　和歌と地方

1　令和と天平万葉　山形新聞、令和元〈二〇一九〉年五月二十三日
2　万葉歌の「みちのく」　『糸車』8、令和六〈二〇二四〉年五月一日
3　滝の山と薄紅の桜　山形新聞、平成二十九〈二〇一七〉年五月二十九日

Ⅲ　山形の民俗芸能

1　蕨岡延年と高足　山形新聞夕刊、平成二十一〈二〇〇九〉年五月一日
2　最上地方の番楽　山形新聞夕刊、平成十九〈二〇〇七〉年三月十四日
3　番楽の世界　山形新聞夕刊、平成二十〈二〇〇八〉年一月十日

4　聞くことの感性　『明治大学教養デザイン研究科紀要』1、平成二十一〈二〇〇九〉年三月

Ⅳ　わが民俗体験の記録

1　龍蔵院お七日行事の記憶　新稿　令和六〈二〇二四〉年七月十五日稿了

2　羽山ごもり体験記　『村山民俗』25、平成二十三〈二〇一一〉年六月）

3　ゼミの民俗調査余話　新稿　令和六〈二〇二四〉年七月二十二日稿了

Ⅴ　故郷の歴史と文化

1　史実と伝承　山形新聞夕刊、平成二十一〈二〇〇九〉年九月九日

2　現代によみがえる富並八景　山形新聞夕刊、平成二十三〈二〇一一〉年四月二十六日

3　最上徳内とシーボルト　山形新聞、平成二十九〈二〇一七〉年十二月十四日

4　「春のひかり」の歌碑　新稿　令和六〈二〇二四〉年七月十一日稿了

5　子どもたちの原風景　新稿　令和六〈二〇二四〉年七月二十日稿了

Ⅵ　二〇二二年の世界と山形

1　遠野物語と私の民俗体験　山形新聞、令和四〈二〇二二〉年一月九日

2　教室で声の授業が聴きたい　同　二月十三日
3　人生導いた二人の恩師　同　三月二十日
4　ネフスキーの研究と平和　同　四月十七日
5　平和への願いと短歌　同　五月二十三日
6　小学生に万葉集の授業　同　六月二十七日
7　国際交流への第一歩　同　八月七日
8　社会貢献、めぐりめぐって　同　九月十一日
9　万葉集の歌は美しい　同　十月十六日
10　英国戴冠式の運命の石　同　十一月二十日
11　西行が眺めた山形の桜　同　十二月二十五日

居駒永幸（いこま　ながゆき）
1951年、山形県生まれ。1979年、國學院大學大学院文学研究科博士後期課程満期退学。2021年３月、定年により明治大学教授を退任。博士（文学）。専攻、日本古代文学・日本民俗学。
著書：『古代の歌と叙事文芸史』（2003年、笠間書院、第20回志田延義賞受賞）、『東北文芸のフォークロア』（2006年、みちのく書房）、『日本書紀［歌］全注釈』（2008年、笠間書院、共編著）、『古典にみる日本人の生と死　いのちへの旅』（2013年、笠間書院、共著）、『歌の原初へ　宮古島狩俣の神歌と神話』（2014年、おうふう、第21回連合駿台会学術賞受賞）、『古代歌謡とはなにか　読むための方法論』（2015年、笠間書院、共編著）、『日本人の魂の古層』（2016年、明治大学出版会、共著）、『イギリス祭り紀行』（2021年、冨山房インターナショナル）ほか。

ふるさと・みちのくから考える
——歌・祭り・未来

2024年10月17日　第１刷発行

著　者　居　駒　永　幸
発行者　坂　本　喜　杏
発行所　株式会社冨山房インターナショナル
〒101-0051
東京都千代田区神田神保町1-3
TEL 03(3291)2578
FAX 03(3219)4866
URL:www.fuzambo-intl.com

印　刷　株式会社 冨山房インターナショナル
製　本　加藤製本株式会社

ISBN：978-4-86600-131-9

イギリス祭り紀行

居駒永幸

家族旅行の目線で見た、ほとんど知られていないイギリスの田舎祭り。伝統を重んじるイギリスの庶民文化が、豊富な写真とともに描かれる。（二〇〇〇円＋税）

ある限界集落の記録
昭和二十年代の奥山に生きて

小谷裕幸

岡山県中国山地、山あいの小さな集落―家族が辿った人生と高度経済成長期以前の生活を、ドイツ文学者が鎮魂の書として綴った貴重な記録。（二〇〇〇円＋税）

安さんのカツオ漁

川島秀一

一人の船頭の半生から見たカツオ一本釣り漁。そこには自然を敬う伝統と日本独特の文化が生きづいている。漁師の力強い日常と苦労を追う。（一八〇〇円＋税）

東日本大震災詩歌集　悲しみの海

谷川健一
玉田尊英編

二〇一一年東日本大震災。その中を生きぬいた岩手、宮城、福島の詩人・歌人を中心に編んだ詩歌アンソロジー。悲劇に向き合った心の記録。（一五〇〇円＋税）